Aves

guía clara y sencilla para su identificación

EVEREST

Cómo localizarlas fácilmente

Clasificar según el
Código de colores:

➤ **Aves hasta la talla del gorrión Página 26–67**

Aquí encontrarán pequeños pájaros cantores, por ejemplo carboneros, golondrinas, currucas, petirrojos, pinzones y jilgueros.
(Fotografía: gorrión molinero)

➤ **Aves hasta la talla del mirlo Página 68–105**

Aquí encontrarán aves desde el tamaño del jilguero hasta el mirlo, como la alondra, pequeños zorzales, codornices y carpinteros.
(Fotografía: mirlo)

➤ **Aves hasta la talla de la paloma Página 106–131**

Aquí encontrarán aves desde el tamaño del mirlo al de una paloma doméstica, como el avefría, el cuco, el grajilla o la perdiz.
(Fotografía: paloma doméstica)

Para facilitar la identificación, las aves están agrupadas correlativamente por colores

➤ **Hasta la talla de la corneja**
Página 132 – 155

Aquí encontrarán aves hasta del tamaño de una corneja, como gaviotas, urracas, lechuzas y anátidas de pequeño tamaño.
(Fotografía: Corneja)

➤ **Aves de talla superior a una corneja**
Página 156 – 185

Aquí encontrarán grandes aves de presa, cigüeñas, cuervos, así como grandes patos, gansos y cisnes.
(Fotografía: azor)

Datos sobre su longitud:

del extremo del pico
al extremo de la cola

 hasta 15 cm

 de 15 a 25 cm

 de 25 a 35 cm

 de 35 a 47 cm

 más de 47 cm

Un método de identificación fácil y seguro

Papamoscas cerrojillo
Ficedula hypoleuca

CARACTERÍSTICAS: mide unos 13 cm; el macho, en plumaje estival ①, es de color marrón grisáceo oscuro hasta negro con la parte inferior blanca, como la frente y las bandas de las alas; durante la muda otoñal como la hembra ④, es decir, menos rico en contrastes y con la frente más oscura. En ambos sexos, durante el vuelo se reconoce el entrelazado de las alas ③; los polluelos presentan un intenso moteado ②.
VOZ: emiten un breve "bitt" de reclamo o un fuerte "zeck"; su can elancólico, rico en tonos ascendentes y des
HÁBITAT: en bosques de troncos altos, así como en parques y jardines poblados de árboles viejos; en algunas comarcas es muy frecuente; ave de paso inverna en África tropical.
ALIMENTACIÓN: insectos que captura durante el vuelo o desde algún lugar del follaje y las ramas; a finales del verano y en otoño también bayas.
NIDIFICACIÓN: hace el nido en las cavidades de los árboles, así como en cajas nido; 1-2 puestas anuales con 5-7 huevos turquesa claro.

CARACTERÍSTICO
En particular al posarse, el papamoscas cerrojillo -al igual que el papam as gris- plieg de una form. ística.

46 47

1. COMPARAR CON LA FOTOGRAFÍA PRINCIPAL

Cada una de las fotografías principales nos muestra el ave con sus características en su hábitat natural. En muchas ocasiones las especies que se prestan a confusión aparecen citadas a continuación.

2. IDENTIFICARLAS POR SU MORFOLOGÍA

Los dos gráficos y la fotografía adicional destacan claramente sus generalidades y rasgos inconfundibles, aportando importante información extra. Esto nos permite identificar una especie con toda seguridad.

3. Ficha de identificación

En la ficha de identificación se indican las características principales de las aves. Los números de referencia aparecen vinculados a las fotografías y los gráficos. Junto a las generalidades de las aves se describen, además, las llamadas y su canto, al igual que su tipo de alimentación. Asimismo aquí encontrarán datos acerca de su distribución y del hábitat de la especie a la que se alude en el área centroeuropea, lo que a menudo contribuye también a su identificación. Con frecuencia, las indicaciones referentes a las especies afines cierran el texto.

4. El reloj anual

Las estaciones también son un importante recurso para identificar las aves. El sector gris claro indica los meses en los que podemos encontrarlas en nuestros cielos. Los sectores que se distinguen en gris oscuro designan su nidificación, es decir, el período que se extiende desde la puesta hasta el momento en que los polluelos son autosuficientes. Evidentemente siempre pueden darse diferencias entre cada individuo.

5. Recuadros informativos

En los recuadros coloreados se aporta información sobre cualidades destacables o conductas características. Todos estos elementos en conjunto permiten distinguir con exactitud la especie buscada.

Característico

Especialmente al posarse, el papamoscas cerrojillo, al igual que el papamoscas gris, presentan un batir de alas característico.

Aves

› Al chochín le encantan los jardines que emulan la naturaleza.

El fascinante mundo de nuestras aves

Las aves han fascinado a los hombres desde siempre por su capacidad de volar y muchas veces también por el vistoso colorido de su plumaje o por su canto. El amplio espectro de las especies de aves autóctonas europeas abarca desde las de talla muy pequeña como el chochín o el reyezuelo, que apenas alcanzan 10 cm desde el pico al extremo de la cola, hasta otras de apariencia tan majestuosa como la cigüeña, el cisne o el águila real que poseen una extensión de alas de más de 2 m.

En campos, bosques y praderas

La mayoría de las especies se han adaptado en mayor o menor medida a un hábitat determinado. Por esa razón, el lugar donde se ve un pájaro sirve de ayuda para identificarlo. Será inútil buscar un pájaro de montaña como la chova piquigualda en la región llana del norte de Alema-

› Búho chico (polluelo)

nia, del mismo modo que un pájaro de campo abierto como la alondra común no se encontrará en la profundidad del bosque. No obstante, algunas aves saben aprovechar las ventajas de los diferentes hábitats. Así, muchas rapaces anidan en la espesura del bosque, aunque para cazar vuelan por espacios abiertos limítrofes.

Vecinas de los hombres

Algunas especies, como el jilguero, la golondrina o el avión común se encuentran casi exclusivamente en pueblos o ciudades. Se les conoce como "rastreadores de los cultivos", en la medida en que se aprovechan de la presencia de los hombres, por el refugio y posibilidades nidificantes que les brindan las edificaciones y

› Águila pescadora

porque han descubierto en los vertederos o en los comederos de los parques nuevas fuentes de alimentación.

› Zorzal común

› Perdiz pardilla

¿POR QUÉ EL NOMBRE EN LATÍN?

Además de su nombre vulgar o popular, todas las aves se conocen por su denominación en latín. Si bien a menudo muchas aves se conocen con distintos nombres populares o regionales, su designación latina se compone de dos palabras en general unívoca e internacionalmente válida. La primera, el nombre del género, indica el grupo al que pertenece por parentesco, y el segundo, escrito en minúscula, el de la especie en sí.

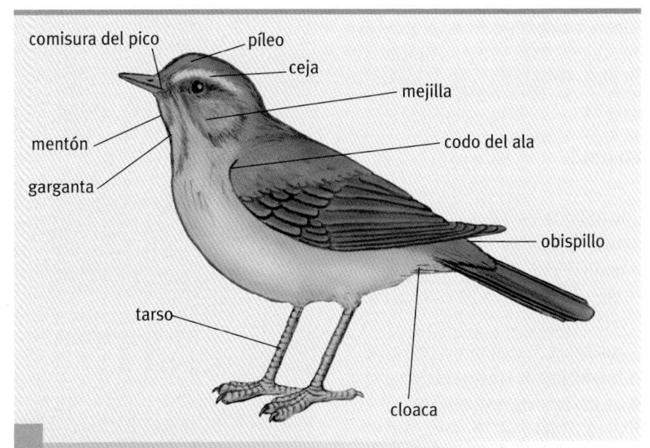

› Nombres que designan algunas partes del cuerpo y del plumaje.

Ornamentado con plumas

Las aves son los únicos animales con plumas. Salvo el pico y las patas, habitualmente éstas le cubren todo el cuerpo. El plumaje le da suavidad, a la vez que conforma su silueta característica, mantiene caliente su cuerpo, le protege de las quemaduras del sol, de la humedad, otorgándole a cada una un aspecto y colorido propio. Cada individuo desarrolla un plumón esponjoso, mientras que la capa cobertera exterior se compone de plumas de perfiles lisos. La superficie de sustentación de las alas está formada sobre todo por plumas remeras estables.

El plumaje de los polluelos

Los individuos inmaduros recién nacidos y los polluelos están recubiertos únicamente por un plumón isotérmico. El primer plumaje completo con el que el polluelo puede levantar el vuelo, el plumaje juvenil, por lo general presenta un colorido o un dibujo distinto al del ave adulta.

Llamativos dibujos de las alas

Muchas aves presentan en las alas un distintivo de vistosos contrastes. Los ornitólogos utilizan distintos conceptos, según su morfología: un ala listada, como la del carbonero, alude a una franja en las plumas coberteras de las alas. Un ala barrada, como la que presenta el jilguero, se prolonga sobre la base de las grandes remeras. En muchos patos, es característico el festón que perfila el contorno de sus alas.

Algunas especies tardan varios años en adquirir el colorido definitivo de su plumaje, como el águila real o las gaviotas.

La muda

A pesar de los esmerados cuidados que todas las aves dedican a su plumaje, progresivamente se deteriora y ya no puede desempeñar sus funciones como debiera. De ahí la necesidad de que éste sea renovado con regularidad. El cambio de plumaje, la muda, puede realizarse de golpe o por etapas, hasta tres veces al año o sólo cada 2-3 años, según la especie. Muchas especies adquieren un plumaje nupcial de alegre colorido o vistosos contrastes antes de la época de reproducción, y una vez concluida se torna un plumaje superficial discreto.

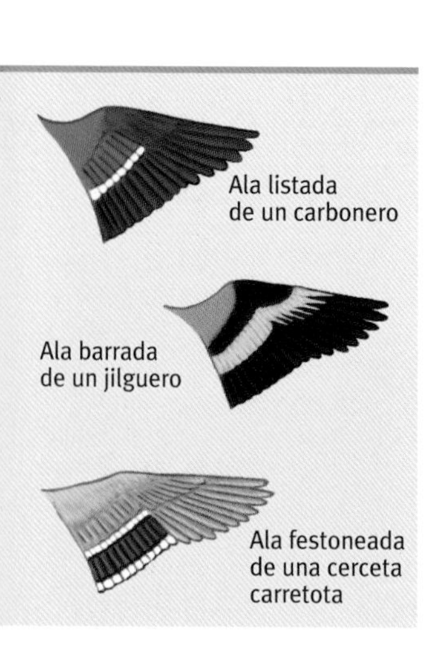

› Mancha en la mejilla en un carbonero

› Ceja blanca de una lavandera cascadeña

› Franja amarilla en el ala de un jilguero

› Plumaje pectoral fuertemente barreado en el azor común

› Plumaje pectoral moteado característico del polluelo de un azor

Aguilucho lagunero (macho)

Aves en vuelo

A menudo las aves presentan movimientos característicos o un singular patrón de vuelo. Así ocurre con muchos pinzones y con el pico picapinos, al que también podemos reconocer por las ondulaciones de su vuelo, donde alternan una serie de rápidos aleteos con un planeo breve. Otros pájaros vuelan en línea recta o más bien revoloteando, en rotación o torpemente, con un batir de alas plano o impetuoso.

Observación en el cielo

Es muy frecuente ver a las rapaces volando en círculos ascendentes en las alturas. A esta distancia a menudo no es posible distinguir las características de las alas, sin embargo las aves se distinguen en buena medida por la particular silueta de su vuelo.

Ratonero común

Milano real

› Águila real (inmaduro)

› Cigüeña blanca

› Alcotán

› Cisne vulgar

› Lechuza campestre

› Garza real

El pico - herramienta y utensilio para comer

El pico de las aves, una dura estructura ósea compuesta de dos partes, constituye una herramienta multiusos: sirve para buscar, sujetar y, en ocasiones para desmenuzar el alimento, para transportar el material del nido; como herramienta de precisión para entrelazar las ramas en el nido, de ayuda para el cuidado de las plumas y, en caso necesario, como una efectiva arma de defensa. Análogamente a las múltiples necesidades vitales de las aves, los picos de las distintas especies poseen formas absolutamente distintas. Así, la forma y el tamaño del pico nos dicen algo no sólo sobre el parentesco de las aves, sino que también nos aportan información sobre sus costumbres alimenticias en particular.

Pico a la medida

Las aves se alimentan de manera muy distinta y no cualquier pico es adecuado para obtener cualquier tipo de alimento. El que pretenda hacerse con algo comestible en los limos necesita un pico largo. El que quisiera despedazar un ratón con un pico de pato no podrá hacer nada. Y el que desee saborear los granos de unas semillas de cáscara dura, necesitará una poderosa herramienta para romperla.

Pico largo

Muchas aves zancudas como el ostrero de la fotografía, aunque también las garzas, las cigüeñas o las becadas poseen un pico largo y delgado en relación con su cabeza, lo que les permite hurgar en busca de gusanos, caracoles y cangrejos en aguas tranquilas o cenagosas.

Pico fuerte de tamaño medio

Un pico de tamaño medio se puede usar tanto para matar una presa como para desmenuzar un duro bocado vegetal. Con éste, las gaviotas desmenuzan peces, las cornejas carroña, el arrendajo (fotografía) abre bellotas y los carpinteros agujerean los troncos de los árboles.

PICO CORTO Y DELGADO

Un pico fino, en forma de pinza, como el de los páridos o las currucas (en la fotografía una curruca mosquitera), es muy apropiado para hacerse con insectos o sus larvas de las ramas o extraerlos de las grietas. También es ideal para alimentarse de bayas blandas.

PICO CORTO Y FUERTE

Para partir las semillas de cáscara dura de las plantas o triturarlas entre ambas mitades del pico es necesario un pico grueso, particularmente poderoso como el de los gorriones y los pinzones (en la fotografía un pinzón real). A los expertos trituradores de semillas les gusta desmenuzar incluso los huesos de las cerezas y ciruelas.

PICO GANCHUDO

Las aves rapaces y los búhos (en la fotografía un polluelo de búho chico) tienen la parte superior del pico en forma de gancho, curvado y bien afilado, muy apropiado para capturar a sus presas, sujetarlas y desmenuzarlas lo suficiente con el fin de poder digerirlas.

PICO DE PATO Y DE GANSO

El amplio pico aplanado está ocupado por dos hileras de láminas córneas. En los patos, éstas forman una especie de colador que filtra los trocitos de alimento del agua. En el caso de los gansos (en la fotografía ánsar campestre) facilitan la deglución de la hierba.

› El escribano cerillo sigue cantando aún en el calor del mediodía.

Un coro a muchas voces

En muchas ocasiones los sonidos que exteriorizan los pájaros son tan característicos que bastan para reconocer la especie que uno tiene delante. Pensemos en el cuco, al que todos los niños reconocen por su voz. De igual manera, también la voz puede ser una importante característica de identificación para cualquier ornitólogo. Así, por ejemplo, el carbonero palustre y el carbonero sibilino son parecidos, y también son similares el mosquitero musical y el mosquitero común, que en su medio natural con frecuencia sólo se pueden diferenciar bien cuando cantan.

Un canto como bandera

Sobre todo en primavera, la naturaleza se llena de voces y los pájaros cantores emiten sus cantos. Aún cuando nos guste interpretar esto como la expresión de la alegría de vivir en su sentido más puro, sin embargo el canto cumple una función fundamental.

Ruiseñor	Carricero común	Colirrojo real	Petirrojo
noches		4.00 h	4.30 h

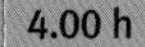

Indican a los suyos donde hay un territorio ocupado, como si fueran los baluartes que hacían ondear los caballeros en el pasado. El dueño del territorio alerta con su canto a cualquier rival que traspase sus fronteras, a la vez que comunica a la hembra de que allí puede haber un compañero. En caso de final feliz, los cantos de la pareja se producen en una atmósfera perfecta de cortejo y apareamiento.

Cuanto más alto mejor

Al igual que una bandera que se ve mejor desde lejos cuanto más libre y más alta ondee, también las emisiones acústicas del canto se perciben mejor cuanto más alto se alce el pájaro cantor sobre el entorno. De ahí que muchos de ellos emitan sus voces desde las copas de los árboles, postes, salientes de las fachadas y demás posaderos altos. Para otras aves, estos lugares no son suficientemente elevados y entonan sus voces mientras vuelan.

No sólo cantan los pájaros cantores

De entre los pájaros cantores, -se cuentan la mitad de las especies de aves-, no todos son cantores consumados, ni mucho menos. A causa de determinadas características anatómicas, como el sistema de la laringe, así como debido a ciertas particularidades comunes en su forma de vida, los zoólogos incluyen a las cornejas entre los pájaros cantores. Como vemos en este caso no depende únicamente de valorar qué canto suena mejor.
Visto a la inversa, también "cantan" pájaros que no se consideran cantores. Así "la risa" del pito real o el ronco "uor-uor" de la becada no es otro que el canto de un ave.

› El estornino pinto: una estrella entre los pájaros cantores

Pinzón vulgar

5.00 h

Chochín

5.30 h

Herrerillo común

6.00 h

Escribano cerillo

mediodía

El comportamiento migratorio de las aves

La capacidad de volar ha permitido a las aves conquistar los espacios situados muy al norte, en los que no encuentran suficiente comida durante todo el año. En los meses fríos, escasos en alimento, pueden migrar a regiones con un clima más benévolo. Cuándo y qué distancia recorren depende -en el caso de muchas especies- de las condiciones climáticas y nutricionales del momento, por lo que puede variar de un año a otro. Especialmente en el caso de las aves migratorias de larga distancia, como las cigüeñas, están programadas de forma innata para que, en una determinada época del año, vuelen siguiendo una determinada ruta hacia los mismos cuarteles de invierno de siempre.

Diferentes formas de viajar

Algunas aves migratorias emprenden el vuelo solas o en pequeños grupos y otras vuelan en grandes bandadas. Los gansos adoptan la típica formación en cadena o de flecha. Algunas especies, como los charranes, recorren miles de kilómetros casi sin descansar, otros se desplazan en tramos cortos y, en consecuencia, lentamente. Para evitar peligros amenazantes por causa de sus enemigos, muchas aprovechan las horas de la noche para su viaje y descansan durante el día como el zorzal alirrojo.

Gorrión común

El ave sedentaria

Se denomina ave sedentaria a aquella especie que se puede observar todo el año en la región donde se reproduce. Algunas especies, como el agateador común, permanecen siempre en el territorio nidificante, mientras que otras, como el carbonero garrapinos, se desplazan más o menos lejos.

Mirlo

El migratorio parcial

Con este nombre se denomina a aquellas aves que migran sólo en parte, mientras que las demás permanecen en la zona nidificante. Con frecuencia se trata de individuos que nidifican en regiones septentrionales, si bien se ha observado su presencia entre nosotros durante el invierno.

Colirrojo real

El ave migratoria

Las aves migratorias anidan también en nuestros campos, si bien migran en los meses invernales a regiones más cálidas. Las aves migratorias de corto recorrido se contentan con desplazarse a los países mediterráneos o Europa oriental, mientras que las de largo recorrido vuelan casi siempre hasta África tropical.

Pinzón real

El invitado invernal

Se denomina invernante a aquellas especies de aves que nidifican en las regiones nórdicas o nororientales y que llegan a nuestro territorio para invernar. Las que tienen su cuartel de invierno más al sur se ven únicamente cuando están de paso en época migratoria.

Voladores maratonianos

Entre las aves migratorias, las que recorren largas distancias poseen cualidades corporales sorprendentes. Así, el carricerín común vuela sin descanso desde la zona donde anida en las regiones mediterráneas hasta África occidental y tropical, en tres o cuatro días, esto es unos 4 300 km. En su viaje hacia el sur, también las currucas mosquiteras cruzan sin detenerse el Mediterráneo y el Sáhara. Para poder afrontar este esfuerzo, previamente consumen una reserva de grasa equivalente hasta un 30% de su peso corporal normal.

¿Sustento para los que se quedan en casa?

Para las aves que pasan el invierno entre nosotros, los meses fríos representan un período muy duro. Muchos amigos de los pájaros intentan ayudarles colgando pequeños comederos con alimento para que soporten mejor esta cruda estación. Entre los protectores de las aves, el objeto de la alimentación invernal no obstante es controvertido. Sin duda los comederos de alimento ofrecen la posibilidad de tener hermosas experiencias con la naturaleza, pero esto difícilmente contribuye a proteger las especies, ya que sólo se ven favorecidas las más frecuentes. Para evitar que las aves padezcan enfermedades contagiosas, que puedan contraer a través de los excrementos, los comederos deben limpiarse regularmente. Y salvo en invierno no se les debe alimentar nunca.

› El cortejo del urogallo es un espectáculo óptico y acústico.

El cortejo y la construcción del nido

Durante el cortejo los machos intentan atraerse la atención de la hembra de las formas más diversas. Según la especie, realiza llamativos aleteos de exhibición, como en el caso de la avefría, o haciendo alarde de su tamaño y belleza, como ocurre con el urogallo.

Cada uno en su nido

Una vez la pareja nidificante se ha encontrado, suele entregarse a complicados movimientos rituales que ambos individuos practican y que, a menudo, evocan una especie de danza para festejar la unión de la pareja. Dónde, qué material y cómo se construye el nido son particularidades que varían según la especie.
Las fotografías de la página siguiente muestran sólo una pequeña selección de los distintos tipos de nidos.

PROTEGER LAS AVES EN VEZ DE CURIOSEAR

Como amigo de las aves uno debe mantenerse alejado de las áreas expresamente protegidas y lejos también de los pájaros nidificantes para no alterar la quietud del nido.

› “Nido de horno” del mosquitero común

› Nido carricero del zampullín común

› Nido de musgo y hojas del chochín

› Nido en forma de copa del águila pescadora

› Nido colgante del carricero políglota

› Los polluelos del escribano cerillo incapaces de moverse tienen hambre.

Crecimiento de los polluelos en el nido

El número de huevos que pone una hembra cada vez que se reproduce depende siempre de la especie: generalmente puede ser 1 ó 2, como es el caso de muchas aves rapaces de gran envergadura, aunque también 10-20 como ocurre con la perdiz.
A menudo basta con echar una mirada a los huevos para comprobar la especie a la que pertenece la puesta. El tamaño y la forma, el color y el dibujo de los huevos son distintos según cada especie. Las fotografías de la derecha de la página siguiente constituyen una pequeña muestra de la amplia variedad de huevos existentes.

Nidífilos

Los polluelos se pueden clasificar en dos categorías: los nidífilos rompen el cascarón siendo todavía inmaduros. Están desnudos y ciegos, sólo les funciona bien el aparato digestivo. En cuanto perciben movimiento en el nido, los recién nacidos abren el pico y esperan que les introduzcan el alimento.

¿Un polluelo huérfano?

En muchas especies se da la circunstancia de que los polluelos abandonan el nido incluso antes de que puedan volar. En ese caso se posan en la rama o en el suelo y sus padres continúan alimentándoles. Quien encuentre uno de éstos, no debe llevarse a casa el "pipiolo". La cría de un polluelo requiere mucha experiencia y los neófitos raramente lo consiguen. En su medio natural, tienen muchas más probabilidades de sobrevivir.

Mientras no haya adquirido completamente su plumaje, los pequeños deben cobijarse bajo las alas o el plumaje del buche de los adultos para mantener el calor.
Son nidífilos característicos las palomas, las aves de presa, búhos, lechuzas, carpinteros y los pájaros cantores.

Nidífugos

Por el contrario, los nidífugos en el momento de hacer eclosionar el huevo ya están suficientemente desarrollados para abandonar el nido al cabo de unas horas o a lo sumo días, para buscar comida de forma más o menos independiente bajo la tutela de una o las dos aves adultas. Son nidífugos característicos los ánades, gansos, gallináceas y limícolas.

› Polluelo del zorzal común

› Puesta del zarzero icterino

› Puesta del zorzal común

› Puesta del ánade real

› Puesta del mirlo

› Puesta del gavilán

Cómo identificar las aves

Reyezuelo listado

Regulus ignicapillus

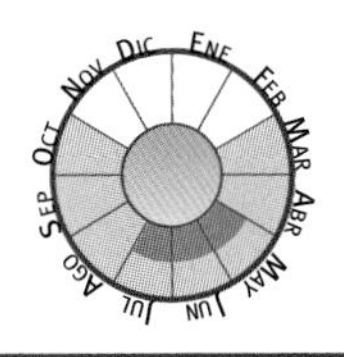

Características: sólo 9 cm mide este pajarillo redondeado desde el extremo del pico hasta el extremo de la cola. En la hembra llama la atención el píleo amarillo ③ coronado en negro, y en el macho más o menos anaranjado ①. Una lista ocular negra atraviesa el ojo, rasgo más señalado si cabe por su ceja blanca ④.

Voz: fuerte "sisisi" de llamada; como estrofas de canto un elevado y rápido "sisisisisisisisitt".

Hábitat: en época nidificante, se extiende por bosques de hoja perenne y mixtos, así como en cementerios, parques y jardines; ave migratoria, invernante en la región mediterránea.

Alimentación: pequeños insectos y arañas.

Nidificación: nido en forma de cuenco con paredes gruesas ②, colgante en la horquilla de una rama o entre dos ramitas próximas; 2 puestas anuales con 7-12 huevos con delicados puntos marrones en cada una.

Característico

No es extraño ver al reyezuelo listado revoloteando en un vuelo agitado ante las puntas de las ramas, a la búsqueda de insectos.

Reyezuelo sencillo

Regulus regulus

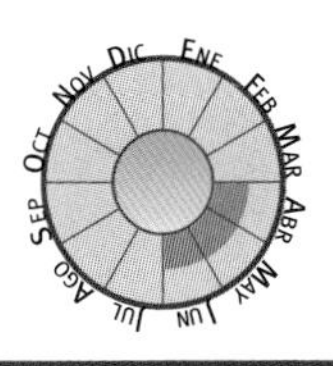

Características: del mismo tamaño y forma que el reyezuelo listado, aunque en general la coloración del plumaje es menos intensa; el píleo es amarillo-negro ④, y en el macho casi siempre con algunas plumas anaranjadas ①, los polluelos ② aún no lo han desarrollado

Voz: un "sisisi" de llamada delicada y alta; canto territorial bisbiseante con estrofas muy elevadas en tonalidad ascendente y descendente.

Hábitat: ave nidificante extendida y frecuente sobre todo en bosques de pinos, también en cementerios, parques y en grandes jardines con coníferas.

Alimentación: diminutos insectos y arañas.

Nidificación: el nido en forma de bolsa, en la horquilla de una rama o entre dos ramas de una conífera, lo construye únicamente la hembra; 2 puestas al año con 8-10 huevos con un fino punteado parduzco.

Característico

El reyezuelo sencillo no presenta la lista negra sobre el ojo ni tampoco la lista superciliar del reyezuelo listado ③.

1
2
3
4
1
2
3
4

Chochín

Troglodytes troglodytes

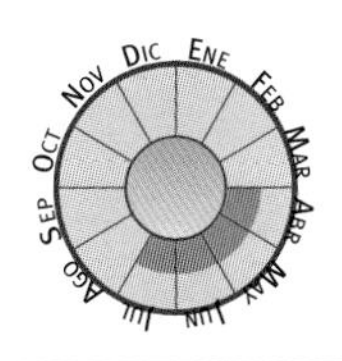

CARACTERÍSTICAS: el chochín mide apenas 10 cm desde el extremo del pico hasta el extremo de la cola. Su plumaje parduzco presenta en las alas y los flancos un refinado dibujo barrado ③, la garganta es blanquecina ④, en la cabeza llama la atención una fina lista superciliar blanca ②. Su cola es corta, casi siempre alzada ①.

VOZ: cuando se altera emite un ronroneante "zerrr" o un fuerte "teck teck teck"; canto vibrante, mezclado con trinos perceptibles incluso en invierno.

HÁBITAT: en bosques de coníferas, mixtos y de ribera con abundante sotobosque, así como en parques y jardines con densos arbustos.

ALIMENTACIÓN: pequeños insectos y sus larvas, arañas y pequeños gusanos.

NIDIFICACIÓN: 2 puestas anuales con 5-7 huevos con un jaspeado rojizo; nido pág. 21.

CARACTERÍSTICO

Este pajarillo suele buscar alimento cerca del suelo deslizándose con rapidez entre los arbustos como un ratón. Cuando está nervioso se agacha de forma llamativa.

Acentor común

Prunella modularis

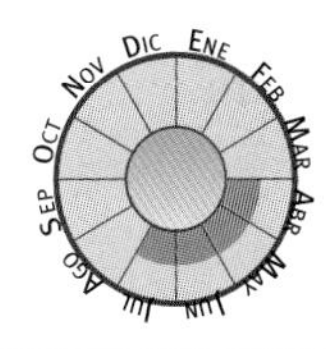

CARACTERÍSTICAS: mide fácilmente 14 cm, parecido al gorrión común (pág. 58), pero más esbelto, con la cola más fina ①; cabeza y pecho gris plomo, sólo el píleo y la cabeza marrón ②; los polluelos ③ tienen la garganta blanquecina.

VOZ: una llamada fuerte algo ronca como "zieh" o bien "didi"; canto diáfano con gorjeos ligeramente ascendentes y descendentes que recuerdan un poco a una puerta chirriante, ya a partir de marzo.

HÁBITAT: en bosques de coníferas y mixtos con abundante sotobosque, y también en parques y jardines con arbustos.

ALIMENTACIÓN: insectos; en otoño e invierno también semillas y bayas.

NIDIFICACIÓN: nido en forma de cuenco construido con ramas y mucho musgo dispuesto en la espesura de los arbustos o en plantones de pinos, a menudo casi en el suelo. 2 puestas anuales con 4-5 huevos color turquesa en cada una.

ESPECIE SEMEJANTE: el acentor alpino *(Prunella colaris)* un poco más grande ④ aparece casi siempre en zonas altas entre 1 500 y 2 300 m. Presenta manchas parduzcas en los flancos, con la cabeza absolutamente gris.

CARACTERÍSTICO

El acentor común se mueve agachado y a saltos. En su vuelo casi siempre bajo parece deslizarse.

1

2

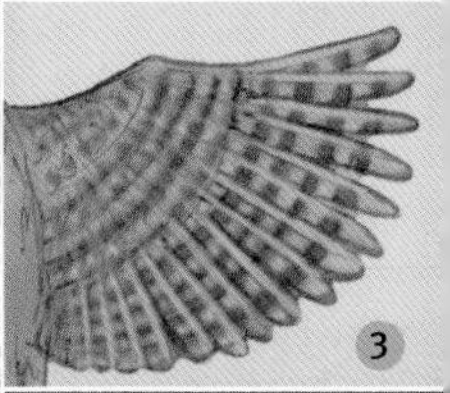

3

4

1

2

3

4

Bisbita arbóreo

Anthus trivialis

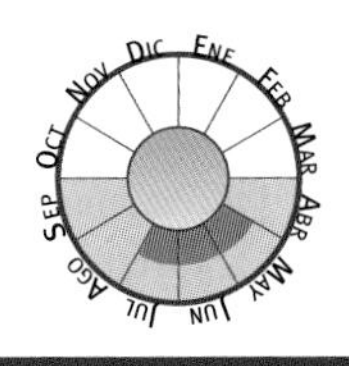

CARACTERÍSTICAS: este pájaro cantor esbelto de unos 15 cm de largo presenta un vistoso jaspeado marrón ①. Su parte inferior entre lechosa y amarillo parduzco presenta manchas oscuras en el pecho ②.

VOZ: emite un fuerte y ronco "psieh" o un "sip-sip" en caso de alarma; canto melódico que recuerda al del canario.

HÁBITAT: en parajes abiertos con grupos de árboles aislados, así como en las lindes de los bosques y claros; invernante en África.

CARACTERÍSTICO

Cuando canta, el bisbita arbóreo vuela desde un lugar elevado en picado dejándose llevar con las alas extendidas y la cola alzada ③.

ALIMENTACIÓN: sobre todo insectos, también arañas y otros animalillos.

NIDIFICACIÓN: hace el nido en el suelo, casi siempre entre hierbas altas; habitualmente 2 veces al año con 4-6 huevos, de color muy variable, pero siempre muy moteados.

ESPECIE SEMEJANTE: el bisbita alpino *(Anthus spinoletta)* ④, que nidifica en áreas montañosas más allá del límite arbóreo presenta una coloración más gris.

Bisbita común

Anthus pratensis

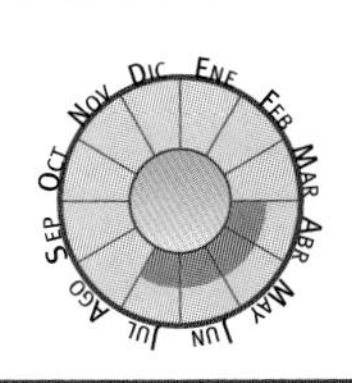

CARACTERÍSTICAS: es un poco más pequeño que el bisbita arbóreo, con la parte superior más gris, hasta verde oliva ①, pecho moteado; tras la muda en otoño la parte inferior marrón ocre ②; los polluelos ③ apenas moteados.

VOZ: cuando alzan el vuelo y durante el mismo suelen emitir un delicado y diáfano "ist-ist"; el canto consiste en estrofas monótonas con series tonales más agudas y altas, casi siempre en vuelo, muy pocas veces desde los árboles ④.

HÁBITAT: en praderas húmedas y campiñas, en pantanos y landas.

CARACTERÍSTICO

El bisbita común empieza a cantar cuando extiende sus alas aún en el suelo y, una vez terminado su canto, ya no vuelve al punto de partida.

ALIMENTACIÓN: prácticamente sólo insectos y arañas que atrapa en el suelo.

NIDIFICACIÓN: nido en el suelo, bien oculto entre la vegetación; 1-2 puestas anuales con 4-6 huevos intensamente moteados en gris o rojo-óxido en cada una.

1
2
3
4
1
2
3
4

Mosquitero común

Phylloscopus collybita

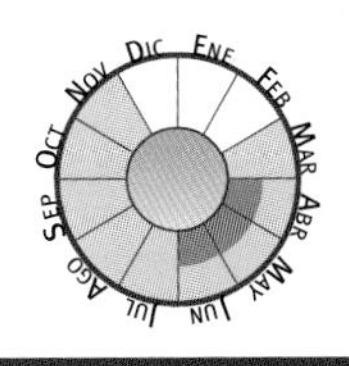

CARACTERÍSTICAS: el colorido marrón verdoso del plumaje de este pájaro cantor de unos 11 cm, más claro por abajo es poco distintivo ①, la lista superciliar puede ser más o menos marcada ④. Las patas casi siempre tienen un color negruzco ③.

VOZ: como llamada emiten un monosílabo "uit"; el canto es muy monótono, con largas y balbuceantes estrofas como "zilp-zalp-zelp-zilp…" y muchas veces en medio un ahogado "trrr trrr".

HÁBITAT: en bosques caducifolios y mixtos poco poblados, en las riberas de los ríos y rastrojales, igualmente en parques y jardines; invernante en la región mediterránea.

ALIMENTACIÓN: pequeños insectos, arañas y también bayas.

NIDIFICACIÓN: nido con entrada lateral (pág. 21), escondido en la vegetación próxima al suelo; 1-2 puestas al año con 5-6 huevos con un punteado parduzco.

ESPECIE SEMEJANTE: el mosquitero papialbo *(Phylloscopus bonelli)* ② que anida en los bosques alpinos tiene el plumaje más amarillento.

CARACTERÍSTICO

En su medio natural, el mosquitero común a menudo sólo se distingue del mosquitero musical por su canto característico.

Mosquitero musical

Phylloscopus trochilus

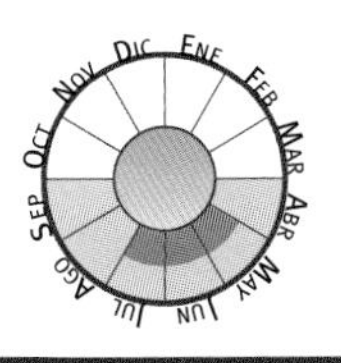

CARACTERÍSTICAS: el mosquitero musical es muy parecido al mosquitero común, aunque su plumaje suele ser más amarillento ①. En general, también su lista superciliar amarilla es más llamativa, las patas tienen un color más claro ②. A menudo los polluelos ③ tienen la parte inferior amarilla.

VOZ: el canto ligeramente melancólico y lánguido se compone de una serie de suaves tonos aflautados descendentes.

HÁBITAT: en luminosos bosques de todo tipo, pantanos situados en zonas altas, riberas de los ríos, parques y jardines poblados sobre todo con abedules o sauces; pasa el invierno en África tropical.

ALIMENTACIÓN: pequeños insectos, arañas y otros animalillos que captura revoloteando por la maleza; en otoño también bayas.

NIDIFICACIÓN: el nido es una construcción colgante con entrada lateral, oculto en la vegetación baja; 1-2 puestas al año con 4-7 huevos moteados en rojo.

ESPECIE SEMEJANTE: el mosquitero silbador *(Phylloscopus sibilatrix)* ④ vive en hayedos y tiene la garganta amarillo azufre.

CARACTERÍSTICO

El reclamo del mosquitero musical es similar al del mosquitero común, aunque claramente bisilábico, como "hi-id".

1
2
3
4
1
2
3
4

Carricero políglota

Acrocephalus palustris

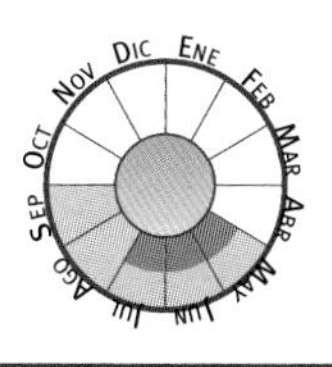

CARACTERÍSTICAS: el dorso marrón de este pájaro cantor delgado, que mide fácilmente 12 cm, suele presentar un tono oliváceo ①, el obispillo es rojo parduzco ②, lo embellece una fina ceja de color beige ③.

VOZ: en caso de que le molesten suele presentar un fuerte "ved" o "tak"; su canto es melodioso, rico en alternancias, compuesto casi exclusivamente de imitaciones de voces de otras aves.

HÁBITAT: extendido en llanuras y esporádicamente bastante frecuente, aunque es difícil de observar; vive en plantas muy densas, como la mimbrera o en arbustos de ortigas, a menudo, aunque no siempre en zonas húmedas; invernante en África tropical.

ALIMENTACIÓN: pequeños insectos.

NIDIFICACIÓN: un hondo nido redondeado que cuelga entre los tallos de plantas muy juntas ④; se reproduce 1 vez al año con 4-5 huevos moteados verde oliva.

CARACTERÍSTICO

Este incansable pájaro cantor declama su amplio repertorio casi siempre cuando se encuentra a cubierto, incluso por la noche.

Carricero común

Acrocephalus scirpaceus

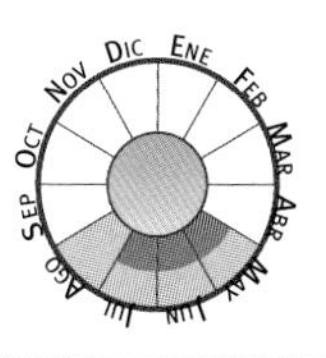

CARACTERÍSTICAS: el carricero común se parece mucho al carricero políglota, no obstante por arriba es más bien marrón rojizo, con el obispillo rojo óxido intenso ②.

VOZ: emite un breve y discreto "txc" o "sche", en caso de alarma un chirriante "güed"; su canto es persistente, algo impetuoso y unitonal, con motivos rítmicos como "tiri-tiri-tiri-schirk-zer-zer".

HÁBITAT: muy extendido en llanuras; anida sólo en juncales, únicamente cuando está de paso se le puede encontrar en arbustos alejados del agua; invernante en África tropical.

ALIMENTACIÓN: pequeños insectos.

NIDIFICACIÓN: nido redondeado profundo y estable colgante en los tallos de juncos ①; 3-5 huevos verde claro con un intenso moteado verde grisáceo.

ESPECIE SEMEJANTE: también el carricerín común *(Acrocephalus schoenobaenus)* ④ es un habitante de las zonas de carrizales. Presenta una llamativa ceja blanca ③.

CARACTERÍSTICO

Se suele ver al carricero volar tan cerca de los carrizales que parece rozar las cañas.

Zarcero icterino

Hippolais icterina

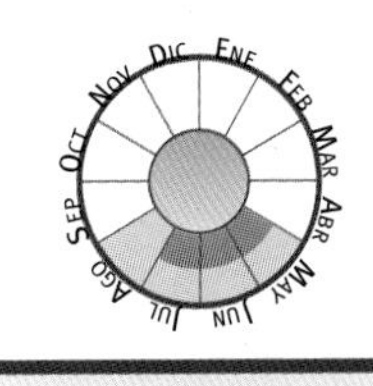

Características: por arriba, este pájaro cantor esbelto, de unos 13 cm de largo, presenta un color oliva grisáceo, mientras que por abajo es claramente más o menos amarillento ②; sus patas son grises hasta negras, la cola termina en un corte recto ③.

Voz: en caso de peligro emite un chasqueante "tz tz tz", si no un "dederoid" de tres sílabas o un "dje-dje-dje-lii"; canto alta y muy rico en alternancias, muchas veces con imitaciones de otras voces de pájaros.

Característico

En la época de apareamiento canta casi todo el día, saltando inquieto de rama en rama ④.

Hábitat: ampliamente extendido en regiones de llanura donde es nidificante, asimismo en bosques caducifolios poco poblados y de ribera, en parques y jardines; invernante en África tropical.

Alimentación: insectos y sus larvas, arañas y otros animalillos; en otoño también bayas.

Nidificación: nido hondo en forma redondeada, casi siempre anclado a la horquilla de una rama ①; 4-6 huevos rosa intenso con algunas manchas negras (pág. 23).

Tarabilla norteña

Saxicola rubetra

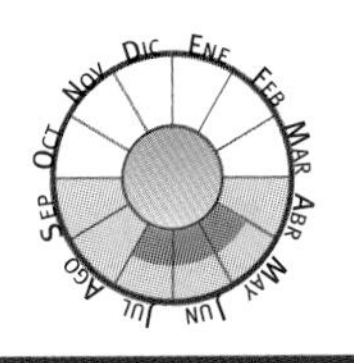

Características: mide unos 12,5 cm; en época reproductora, el macho (① a la izquierda en la fotografía) tiene la garganta y el pecho marrón anaranjada, la cabeza y la parte superior marrón negruzca, mientras que en otoño su sencillo plumaje ③ apenas se distingue del de la hembra (① a la derecha en la fotografía); tiene la cola corta y el obispillo punteado en marrón ②.

Voz: en caso de amenaza, emite un fuerte "tk tk" en alternancia con un suave "dju"; su canto consiste en estrofas cortas ricas y cadencias con tonos rasposos y aflautados.

Característico

La tarabilla norteña de ambos sexos tiene una amplia ceja blanca de la que carece la tarabilla común.

Hábitat: en prados, pantanos y zonas húmedas, migra a Europa sudoriental o al norte de África.

Alimentación: pequeños insectos y sus larvas, así como arañas.

Nidificación: nido en el suelo, bien oculto entre las hierbas altas: 5-6 huevos de color turquesa.

Especie semejante: en el caso de la tarabilla común *(Saxicola torquata)* ④, el macho (fotografía) tiene la garganta negra y la hembra se parece mucho a la tarabilla norteña.

1
2
3
4
1
2
3
4

Pechiazul

Luscinia svecica

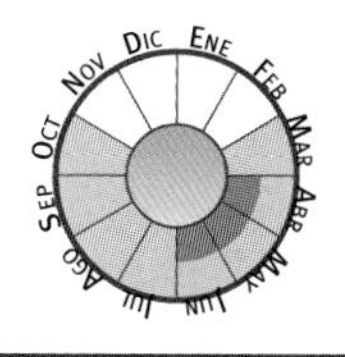

Características: mide unos 14 cm; el macho, con plumaje nupcial ①, presenta una garganta de color azul luminoso con una "estrella" blanca; es un pájaro de la Europa nórdica con una mancha roja en el pecho ④, la hembra ③ tiene todo el año un peto blanco y negro bien delimitado.

Voz: su llamada consiste en un fuerte "tack" o un silbante "hüit"; canto chirriante y ronco con tonos silbantes y mezclado con sonidos que imitan a otras aves.

Hábitat: en Alemania, nidificante sólo en los Alpes y en algunas zonas de llanura; en zonas húmedas y en orillas con carrizales; tiene su cuartel de invierno en la región mediterránea y el norte de África.

Alimentación: sobre todo arañas e insectos.

Nidificación: hace el nido en una vegetación densa, casi en el suelo; 5-7 huevos, con un color que varía entre el verde grisáceo hasta el óxido.

Característico

El pechiazul suele extender la cola repentinamente. Entonces, al igual que durante el vuelo ② se reconoce bien la base rojo óxido de la cola.

Petirrojo

Erithacus rubecula

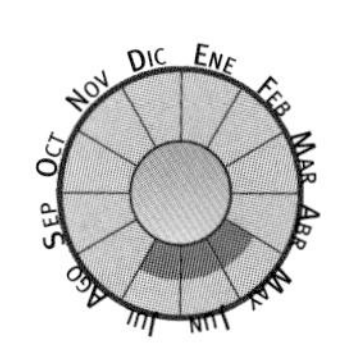

Características: mide unos 14 cm, es marrón grisáceo ①, especialmente cuando hace frío tiene un aspecto muy redondeado ③; el peto rojo del pecho abarca también la cara ②; los polluelos presentan un plumaje marrón, ampliamente moteado y sin rojo ④.

Voz: su llamada es un fuerte "tsic" que se convierte en un rápido reclamo ascendente como "tsicsicsic" en caso de peligro; el canto territorial consiste en tonos y trinos diáfanos y brillantes, casi siempre emitidos a cubierto desde arbustos y árboles, a menudo hasta el final de la tarde.

Hábitat: en bosques con abundante maleza y sotobosque, en parques y jardines, e incluso en las grandes urbes, sobre todo en zonas habitadas donde tienen a su alcance comederos. Muchos petirrojos pasan el invierno en Europa Central y otros son invernantes en la región mediterránea.

Alimentación: insectos, arañas y gusanos; en otoño e invierno también bayas.

Nidificación: nido en forma de cuenco construido con ramitas, hojas y musgo oculto próximo al suelo; casi siempre 2 puestas anuales con 5-7 huevos con moteado variable.

Característico

El petirrojo se suele ver con frecuencia en busca de comida en el suelo. Se inclinan a menudo y extienden la cola.

1
2
3
4
1
2
3
4

Colirrojo tizón

Phoenicurus ochruros

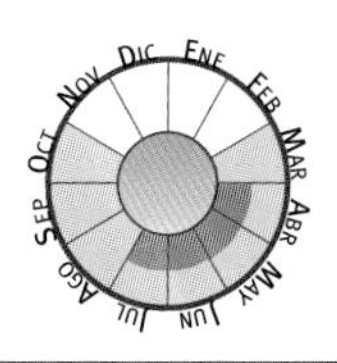

CARACTERÍSTICAS: mide unos 14 cm; ambos sexos tienen la cola y obispillo rojo óxido; el macho ①, por lo demás es gris ceniza y negro con una llamativa mancha blanca en las alas ②, la hembra ③ las luce marrón grisáceo oscuro.

VOZ: emite un reclamo fuerte y rápido "uid-tec-tec" o atonal "ksrsssrsrs"; el canto se compone de estrofas cortas y rasposas que empiezan con un claro silbido y terminan; se les puede oír desde el amanecer desde cualquier sitio elevado, como una antena p. ej.

HÁBITAT: originariamente es un habitante de los peñascos y paisajes montañosos, pero como "rastreador de los cultivos" se extiende también en los pueblos y las ciudades y también en la tierra baja; es una migratoria de cortas distancias.

ALIMENTACIÓN: insectos y sus larvas, arañas, pero también bayas.

NIDIFICACIÓN: hace un nido de aspecto desordenado en las grietas de las rocas o en huecos de las paredes y tejados; casi siempre se reproduce 2 veces al año con 5-6 huevos blancos.

CARACTERÍSTICO

Un colirrojo tizón inmaduro ④ se distingue del colirrojo real por su plumaje sin manchas, ya que el polluelo de éste último es moteado. Ambos tienen la cola roja.

Colirrojo real

Phoenicurus phoenicurus

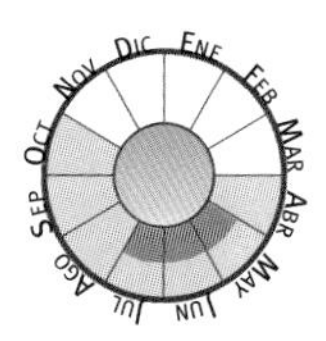

CARACTERÍSTICAS: mide unos 14 cm, es esbelto, de patas largas; el macho ① tiene el dorso gris pizarra y la frente blanca ③, no sólo el obispillo y la cola son de un intenso rojo óxido, sino también el pecho; el dibujo de las alas es colorista ②; la hembra ④, por arriba marrón, por abajo beige con la cola y el obispillo rojo óxido.

VOZ: en caso de amenaza un fuerte "uid-tec-tec"; las estrofas de canto que empiezan con un elevado tono silbante, seguidas de unos rápidos tonos melódicos y ásperos; declaman desde lugares altos ya al alba.

HÁBITAT: muy extendido en bosques poco poblados de árboles añosos, campos de cultivo con frutales así como en parques y jardines urbanos, poco frecuente en el medio rural; vuela a África central para pasar el invierno.

ALIMENTACIÓN: insectos, arañas y bayas.

NIDIFICACIÓN: hace el nido en las cavidades de los árboles, en huecos de muros y en cajas-nido; casi siempre 2 puestas anuales con 5-6 huevos turquesa claro.

CARACTERÍSTICO

Un colirrojo real, al igual que el colirrojo tizón, se agacha con frecuencia, subiendo y bajando la cola con rapidez.

1
2
3
4
1
2
3
4

Curruca capirotada

Sylvia atricapilla

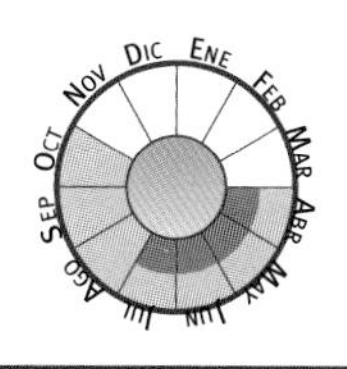

Características: este esbelto pájaro cantor mide unos 14 cm, con un plumaje marrón verdoso poco distintivo. En el macho ① destaca el capirote negro de su cabeza. En la hembra ④ y los polluelos ② éste es marrón rojizo.

Voz: cuando está inquieto emite un fuerte "tec-tec" como llamada que en caso de nerviosismo exacerbado se convierte en clamor; canto rico en sonoridad que se inician con gorjeos y trinos desarrollándose en tonos aflautados claros y plenos.

Hábitat: en bosques con abundante sotobosque, también es frecuente en jardines y parques con arbustos; migratoria de corta distancia.

Característico

La hembra se parece a la curruca zarcera (pág. 44), pero ésta tiene los laterales de la cola blancos, mientras que la cola de la curruca capirotada ③ no.

Alimentación: insectos y sus larvas, arañas; en otoño también bayas.

Nidificación: el nido, de ensamblado redondeado, plano y flexible, construido entre la maleza, casi siempre a nada menos que 1,5 m de altura. Suele reproducirse 2 veces al año con 4-6 huevos marrones con manchas oscuras en cada puesta.

Curruca mosquitera

Sylvia borin

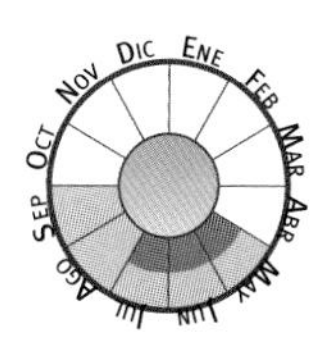

Características: mide unos 14 cm. Este pájaro cantor esbelto tiene la parte dorsal de un marrón grisáceo uniforme ① sin dibujo que destacar. Por abajo es algo más claro ②.

Voz: un ronco "ved-ved-ved", en caso de peligro un "tchec" repetido y poderoso; canto fuerte y melódico con estrofas muy melódicas y prolongadas.

Hábitat: es frecuente verla en bosques con abundante sotobosque, parques con arbustos y jardines selváticos; migra en el invierno a África central y meridional.

Característico

Este ave discreta que vive en lugares escondidos suele emitir su canto desde la espesura de la maleza.

Alimentación: insectos y sus larvas, arañas; en invierno también bayas.

Nidificación: hace el nido bajo en arbustos muy poblados; 4-6 huevos con manchas marrón claro, irregulares en la cáscara blanca.

Especie semejante: la curruca gavilana *(Sylvia nisoria)* ④ vive sobre todo en las lindes de los bosques con zarzales. En su parte inferior presenta listas transversales y tiene unos luminosos ojos amarillos ③.

1
2
3
4
1
2
3
4

Curruca zarzera

Sylvia communis

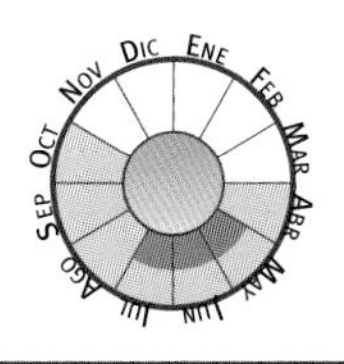

CARACTERÍSTICAS: esta curruca esbelta, de unos 14 cm, tiene las alas marrón tostado ①, las patas claras ③ y los bordes exteriores de la cola blancos ②; el macho ① presenta la parte superior de la cabeza gris y el pecho ligeramente rosáceo, en la hembra y los polluelos es más parduzco.

VOZ: emite un "goid-goid" nasal o un chasqueante "tze" de reclamo; su canto es un corto y ronco parloteo con tonos rasposos y agudos, sobre todo desde un lugar elevado ④, suele cantar también en vuelo.

HÁBITAT: en paisajes abiertos con maleza, también en taludes junto a carreteras y autopistas, así como en parques y jardines con zarzales; invernante en África tropical.

ALIMENTACIÓN: insectos y sus larvas, arañas; en otoño también bayas.

NIDIFICACIÓN: nido casi siempre bajo en arbustos espinosos; suele reproducirse 2 veces al año, con 4-5 huevos gris claro, finamente punteados.

CARACTERÍSTICO

La hembra se reconoce fácilmente cuando emprende su vuelo hacia las alturas desde un lugar alto entonando su canto breve.

Curruca zarcerilla

Sylvia curruca

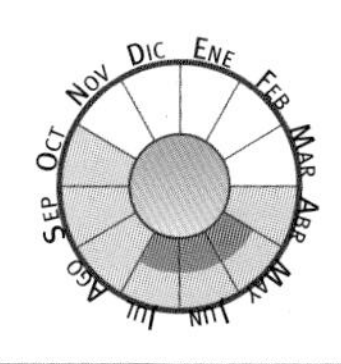

CARACTERÍSTICAS: la curruca zarcerilla es efectivamente muy similar, aunque por arriba es más gris y por abajo ② un poco más clara y con las patas negruzcas ③. Sus mejillas gris oscuro se distinguen claramente de su garganta blanca ①.

VOZ: en caso de alarma emite un fuerte "tac" o "chac" a modo de chasquido; su canto territorial empieza con un gorjeo suave y ronco seguido de un fuerte elegante chacoloteo monótono.

HÁBITAT: en parques, jardines, cementerios y campos de frutales, en rastrojales y pinares, desde los valles hasta el límite de los árboles de las altas zonas montañosas. Vuela a África tropical para pasar el invierno.

ALIMENTACIÓN: insectos y sus larvas, arañas; en otoño también bayas.

NIDIFICACIÓN: hace un nido plano, flexible, ensamblado fácilmente en setos y arbustos, con frecuencia también en coníferas jóvenes; por lo general sólo se reproduce 1 vez al año con 4-6 huevos con escasas manchas, a menudo de varios colores.

CARACTERÍSTICO

La curruca zarcerilla vive más oculta que la curruca zarcera. No canta en vuelo, sino casi siempre escondida entre las ramas ④.

Papamoscas gris

Muscicapa striata

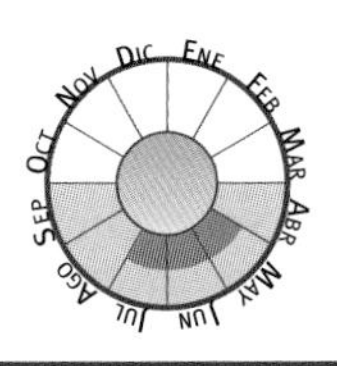

CARACTERÍSTICAS: mide unos 14 cm, es estilizado, de un color marrón grisáceo ①; en la cabeza y en el pecho, de tonalidad más clara, presenta unas rayitas marrones ②; los polluelos presentan un moteado intenso.
VOZ: como reclamo emiten un sonoro "pst" o un refinado "ziih", en caso de alarma un inquieto "tectectec"; tiene un canto chirriante, llamativo y áspero.
HÁBITAT: en las lindes de los bosques, en claros, en parques y grandes jardines; anida a menudo en las casas; migratoria de largo recorrido.
ALIMENTACIÓN: insectos voladores.
NIDIFICACIÓN: hace el nido en cavidades medias de los árboles o en muros, e incluso en las vigas de los tejados; 5-7 huevos verde oscuro con manchas marrones.
ESPECIE SEMEJANTE: en el caso del papamoscas papirrojo *(Ficedula parva)* los machos ④ presentan una llamativa mancha entre anaranjada y roja en la garganta, mientras que la hembra y el polluelo se parecen al papamoscas gris. Se les reconoce por el dibujo negro y blanco de la cola ③ característico de la especie.

CARACTERÍSTICO

Como todos los papamoscas, el papamoscas gris caza desde cualquier posadero insectos voladores que captura en vuelo.

Papamoscas cerrojillo

Ficedula hypoleuca

CARACTERÍSTICAS: mide unos 13 cm; el macho, en plumaje estival ①, es de color marrón grisáceo oscuro hasta negro con la parte inferior blanca, como la frente y las bandas de las alas; durante la muda otoñal como la hembra ④, es decir, menos rico en contrastes y con la frente más oscura. En ambos sexos, durante el vuelo se reconoce el entrelazado de las alas ③; los polluelos presentan un intenso moteado ②.
VOZ: emiten un breve y claro "bitt" de reclamo o un fuerte "zeck"; su canto suena melancólico, rico en tonos ascendentes y descendentes.
HÁBITAT: en bosques de troncos altos, así como en parques y jardines poblados de árboles viejos; en algunas comarcas es muy frecuente; ave de paso inverna en África tropical.
ALIMENTACIÓN: insectos que captura durante el vuelo o desde algún lugar del follaje y las ramas; a finales del verano y en otoño también bayas.
NIDIFICACIÓN: hace el nido en las cavidades de los árboles, así como en cajas nido; 1-2 puestas anuales con 5-7 huevos turquesa claro.

CARACTERÍSTICO

En particular al posarse, el papamoscas cerrojillo -al igual que el papamoscas gris- pliega las alas de una forma característica.

Avión común

Delichon urbica

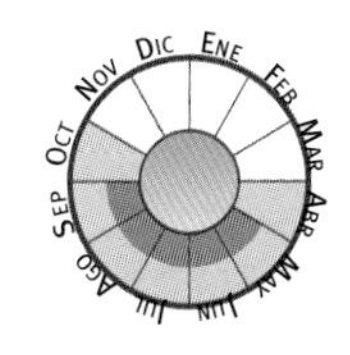

CARACTERÍSTICAS: en este pájaro cantor, de unos 12,5 cm, además de la cola bifurcada ②, sus rasgos distintivos son la parte inferior completamente blanca ④, toda la garganta ③ y el obispillo también blanco. Por arriba, los individuos adultos presentan una coloración tornasolada negro azulado, mientras que el de los polluelos es marrón oscuro.
VOZ: suaves reclamos como "trr trr", "dschrb" o "brid", como llamada de alerta un "zier" fuerte y penetrante"; canto de estrofas con breves parloteos y gorjeos.
HÁBITAT: en zonas humanizadas, sobre todo en pueblos, granjas aisladas y a las afueras de las ciudades; su cuartel de invierno se encuentra en África subsahariana.
ALIMENTACIÓN: pequeños insectos voladores que captura en vuelo.
NIDIFICACIÓN: nido de arcilla en colonias dispuesto en los muros exteriores de los edificios, debajo de puentes o en peñascos; 2-3 puestas anuales con 3-5 huevos blancos en cada una.

CARACTERÍSTICO

El nido del avión común ①, construido ordenadamente con bolitas de arcilla, tiene la forma de la cuarta parte de una esfera con una entrada semi-redonda.

Golondrina común

Hirundo rustica

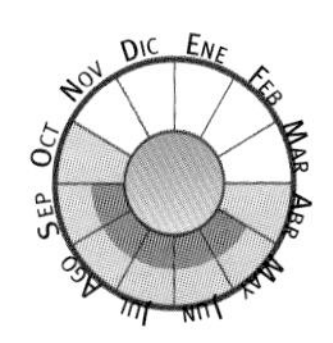

CARACTERÍSTICAS: igual en tamaño y forma que el avión común, pero con los extremos de la cola puntiagudos ②; la parte inferior blanca contrasta con el brillante negro azulado de la parte superior ④, sólo la frente, el mentón y la garganta son de un intenso rojo tostado ③.
VOZ: emite habitualmente el reclamo "ched ched" o "vitt vitt", como llamada de alerta un agudo "zivitt zivitt"; el canto consiste en trinos de largas estrofas con modulaciones parloteantes, chirriantes y diáfanas que rematan en un sonido ronco característico.
HÁBITAT: anida en gran número en pueblos o en granjas aisladas, ocasionalmente en la orilla de la playa; es posible verla sobrevolando prados, campos y parques en busca de comida; tiene su cuartel invernal en África tropical.
ALIMENTACIÓN: pequeños insectos que atrapa al vuelo.
NIDIFICACIÓN: siempre hace el nido en edificaciones, a menudo en establos o graneros; suele reproducirse 2 veces al año, con 4-5 huevos blancos punteados en rojo cada vez.

CARACTERÍSTICO

El nido en forma de cuenco de la golondrina común es de arcilla y hierba, abierto por arriba ①, muchas veces entremezclada con largos tallos.

1
2
3
4
1
2
3
4

Herrerillo común

Parus caeruleus

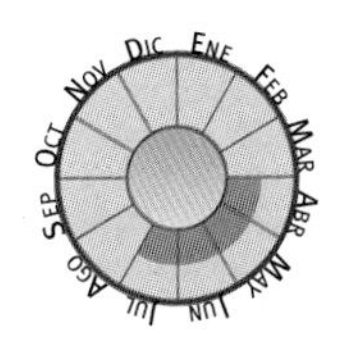

Características: mide unos 12 cm, azul y amarillo ①; cabeza con un penacho azul celeste rodeado por una banda blanca y la región malar blanca ②, presenta la parte inferior amarilla pero, a diferencia del carbonero común, con una breve lista negra ③; con el claro plumaje juvenil ④ las mejillas también amarillas y el moñete gris.

Voz: a menudo emiten un delicado "tsi-tsi-tsi" como reclamo; canto territorial con estrofas con sílabas claramente marcadas que suenan: "tsi-tsi-tsi-sirrrr".

Hábitat: en bosques caducifolios y mixtos (sobre todo con encinares), en rastrojales, parques y jardines; muy frecuente por zonas.

Alimentación: pequeños insectos y sus larvas, arañas y otros animalillos; ocasionalmente (sobre todo en invierno) también semillas y bayas.

Nidificación: nido correoso de musgo, pelos de animales y plumas, en cavidades de los árboles, cajas nido o huecos de muros; 7-10 huevos blancos con manchas rojizas.

Característico

Durante el cortejo primaveral el macho realiza llamativos aleteos vibrantes como las mariposas, la hembra reclama al macho comida con aleteos vibrantes.

Carbonero común

Parus major

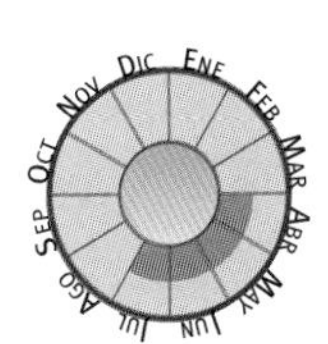

Características: de unos 14 cm con el dorso verde oliva, la cabeza negra y la mejilla blanca ①; amarillo por abajo con una larga lista negra que en el macho es ancha ④ y en la hembra ③ claramente más fina y a menudo también más corta.

Voz: numerosas llamadas, desde un estridente "txerr-r-r-r" hasta un delicado "zizizi" pasando por un "pink"; canto con dos o tres sílabas que se repiten interrumpidamente: "zi-zi-be zi-zi-be…" o "zi-pe zi-pe…".

Hábitat: en cualquier paisaje con árboles, en gran número también en parques, cementerios y jardines, incluso en núcleos urbanos. Menos frecuente en bosques de coníferas.

Alimentación: pequeños insectos y sus larvas, arañas, semillas; en comederos sobre todo sebo, nueces y pipas de girasol.

Nidificación: hace el nido en cavidades de los árboles, cajas nidos u otros huecos; al menos 2 puestas anuales de 8-12 huevos blancos con jaspeado rojizo cada vez.

Característico

Los polluelos del carbonero común se reconocen por la mejilla amarillo claro en vez de blanca y carente del collar ②.

Carbonero garrapinos

Parus ater

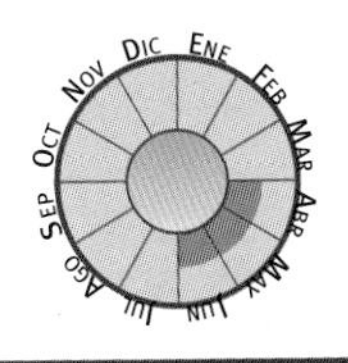

Características: párido de 12 cm escasos, con la mejilla blanca luminosa ①, garganta negra ②, una mancha blanca y alargada en la nuca ④, así como una doble banda blanca en las alas ③; los polluelos tienen de color amarillo la mejilla, la mancha de la nuca y el pecho.
Voz: a menudo emite un suave "zi", "psi" o "si si si" cuando busca comida; el canto consiste en un claro "zevi-zevi-zevi…" o "siti-siti-siti…" que se oye casi durante todo el año.
Hábitat: en particular en el bosque de coníferas, aunque también en parques y grandes jardines arbolados.
Alimentación: pequeños insectos y arañas, además de semillas de coníferas; en comederos nueces y sebo.
Nidificación: hacen un nido correoso con musgo, fibras animales y vegetales, así como tela de araña, en cavidades de los árboles, tocones de árboles enmohecidos e incluso en ratoneras abandonadas; 2-3 puestas anuales con 7-11 huevos jaspeados rojizos.

Característico

Los carboneros garrapinos buscan comida de forma incansable revoloteando agitados alrededor de las ramas exteriores de los árboles.

Carbonero palustre

Parus palustris

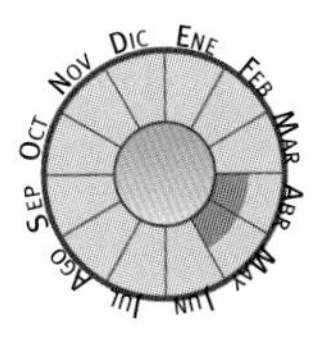

Características: de 11-12 cm marrón grisáceo con la parte superior de la cabeza ① negro brillante, mejillas blancas y una manchita negra en la garganta ②; las alas sin líneas blancas ③.
Voz: la llamada es como un fuerte estornudo, algo así como "pitxii" o "psitxe-de-de-de"; canto unitonal, con una larga serie de modulaciones iguales como "tjip-tjitjip-tjip…".
Hábitat: en bosques caducifolios y mixtos ricos en sotobosque, también en parques y jardines con frutales; contrariamente a lo que indica su nombre apenas vive en pantanos.
Alimentación: pequeños insectos y sus larvas, arañas; en la temporada invernal pequeñas semillas, sobre todo cardos.
Nidificación: nido con abundante musgo situado en las cavidades de los árboles o nidos artificiales; sólo una puesta anual con 7-9 huevos con manchas rojizas.
Especie semejante: el carbonero sibilino *(Parus montanus)* ④ es tan parecido que puede confundirse, aunque vive más bien en bosques húmedos.

Característico

En su medio natural, el carbonero palustre sólo se distingue del carbonero sibilino en la voz. Éste último emite un reclamo nasal y prolongado como "zi zi deeh deeh deeh".

1

2

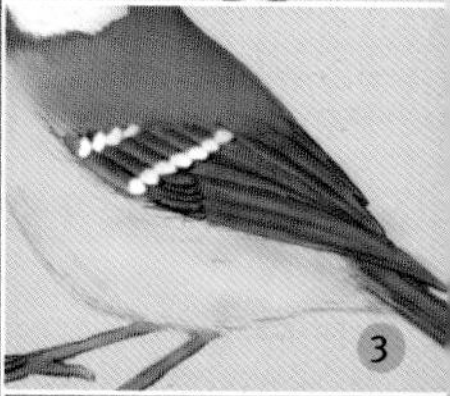

3

4

1

2

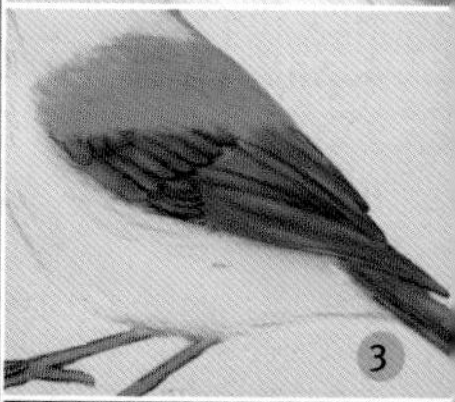

3

4

Herrerillo capuchino

Parus cristatus

CARACTERÍSTICAS: el dibujo negro y blanco de la cabeza y el llamativo moñete puntiagudo ① hacen inconfundible a este párido de 12 cm. Por arriba es de color marrón, excepto la cabeza ②.

VOZ: emite una llamada ronroneante como “irrrrr-r” o “zi-z-girrrrr”; el canto se compone de una sucesión alterna de un arrullo resonante como “zi'i'i-prilull-zi'i'i-prililill”, poco distintivo que se oye muy pocas veces.

HÁBITAT: en bosques de coníferas, desde hondas llanuras hasta el límite arbóreo de las montañas, aunque poco frecuentes también en parques y jardines con coníferas.

ALIMENTACIÓN: sobre todo insectos y sus larvas, arañas y otros animalillos, pero también pequeñas semillas.

NIDIFICACIÓN: hace el nido en las cavidades de los árboles ④, no pocas veces también en las cavidades utilizadas antes por carpinteros y en cajas nido; 5-8 huevos blancos con manchas ligeramente rojizas.

CARACTERÍSTICO

Los individuos inmaduros tienen el moñete muy corto aún ③. Por el contrario, el característico dibujo blanquinegro de la cabeza y la negra banda del cuello son inconfundibles.

Mito

Aegithalos caudatus

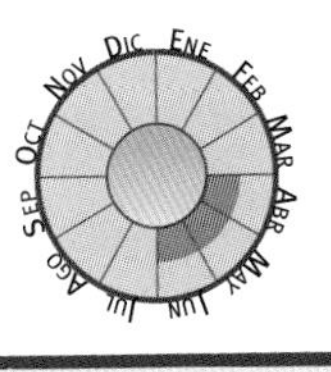

CARACTERÍSTICAS: mide fácilmente 12 cm; pero de aspecto redondeado con la cola visiblemente larga y el plumaje negro, blanco y rosa ①; los polluelos presentan un anillo ocular marrón negruzco y la cola todavía corta ③.

VOZ: emite una penetrante llamada trisilábica “tsi-si-si” en distintas modulaciones tonales; su canto se compone de refinados trinos y gorjeos, y resulta poco significativo.

HÁBITAT: extendido, aunque nidifica en llanuras.

ALIMENTACIÓN: pequeños insectos y arañas.

NIDIFICACIÓN: hace un gran nido artístico y esférico ④, con musgo, hilos, fibras vegetales y animales, en ocasiones también con residuos de papel y plástico; 8-10 huevos blanquecinos.

CURIOSIDADES: excepto en la época nidificante, estas aves sociales van de un lugar a otro en pequeños grupos. Casi siempre duermen en estrecho contacto corporal para conservar el calor.

CARACTERÍSTICO

Los mitos del centro de Europa presentan la cabeza blanquinegra ①. Los pájaros con la cabeza blanca ② pertenecen a una subespecie propia de regiones nororientales.

1
2
3
4
1
2
3
4

Trepador azul

Sitta europaea

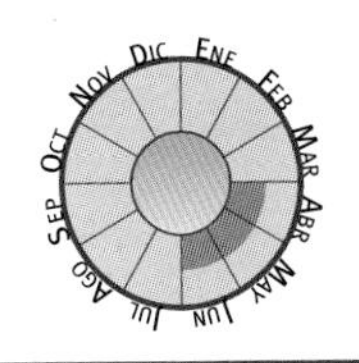

CARACTERÍSTICAS: mide unos 14 cm, rechoncho y con la cola corta; por arriba de un color uniforme azul grisáceo ④, con una lista ocular negra ②, en las aves de Europa central y occidental marrón anaranjado por abajo ①, en las aves del norte de Europa con el pecho y el abdomen blanco ③.

VOZ: emite una resonante llamada "tvit tvit tvit" o "tsirrr"; canto fuerte y penetrante formado por sencillas estrofas silbantes o trinos, como "tui-tui-tui" o "güigüi-güi".

HÁBITAT: en bosques caducifolios y mixtos, sobre todo con encinares, también en parques y jardines.

ALIMENTACIÓN: insectos y otros animalillos que atrapa en las grietas de la corteza; también semillas y nueces.

NIDIFICACIÓN: nido de hojas y trocitos de corteza en las cavidades abandonadas de los carpinteros, también en cajas-nido; 6-8 huevos blancos con manchas marrón rojizo.

CARACTERÍSTICO

El trepador azul es la única ave autóctona que desciende por el tronco del árbol boca abajo ④.

Agateador común

Certhia brachydactyla

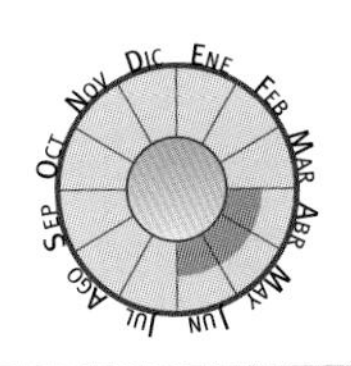

CARACTERÍSTICAS: pájaro cantor esbelto que mide fácilmente 12 cm, con la cola relativamente larga; presenta la parte superior color marrón ① con el obispillo marrón tostado ② y la parte inferior blanquecina; cola fina y oscura, curvada hacia abajo ③.

VOZ: emite una llamada fuerte sorprendentemente ruidosa "srii" y en caso de alarma un sonido como "tit", también muy fuerte; su canto se compone de una serie ascendente de tonos silbantes agudos y fuertes.

HÁBITAT: en bosques caducifolios y mixtos, en parques y jardines poblados de árboles añosos.

ALIMENTACIÓN: insectos y sus larvas que captura en la corteza de los árboles.

NIDIFICACIÓN: hace el nido en las grietas de la corteza o en cajas-nido, con fibras vegetales o plumas de relleno.

ESPECIE SEMEJANTE: el agateador norteño *(Certhia familiaris)* ④ vive sobre todo en extensos bosques de coníferas de zonas de media y alta montaña.

CARACTERÍSTICO

El agateador común asciende trepando a intervalos por los troncos de los árboles y en espiral en busca de comida. Una vez arriba, vuela hasta el pie del árbol siguiente para proseguir su búsqueda desde allí.

Gorrión molinero

Passer montanus

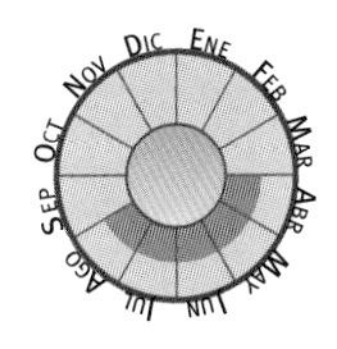

CARACTERÍSTICO
Una delgada banda blanca en la nuca ④ distingue al gorrión molinero a cierta distancia del gorrión común.

CARACTERÍSTICAS: con un grueso pico marrón ① y 14 cm de largo, es algo más pequeño que el gorrión común. Lo que le diferencia más claramente de éste último es la parte superior de la cabeza marrón chocolate y una mancha negra en la mejilla ③, que resalta a ambos lados de la cabeza.

VOZ: los reclamos del gorrión molinero se pueden describir con "sui-tec-tec-tec" y otras con "tchic-tchic-tchoc". El trino característico y rítmico del gorrión constituye el "canto" de este pájaro cantor.

HÁBITAT: como ave rastreadora de los cultivos en paisajes agrícolas abiertos, pueblos, jardines, campos de frutales y parques, aunque relativamente escasos en núcleos urbanos.

ALIMENTACIÓN: semillas, brotes, frutos e insectos.

NIDIFICACIÓN: hace un nido esférico con cañas, tallos y plumas en las cavidades de los árboles ②, huecos de los muros o cajas-nido; 2-3 puestas anuales, 4-6 huevos beiges con un tupido dibujo más oscuro en cada una.

Gorrión común

Passer domesticus

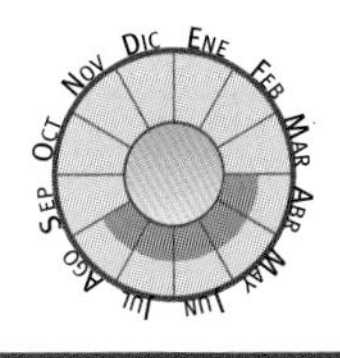

CARACTERÍSTICO
El conocido trino rítmico es el canto territorial del macho, emitido casi siempre desde la proximidad del nido, desde un tejado o un arbusto.

CARACTERÍSTICAS: mide unos 15 cm; el macho tiene la parte alta de la cabeza gris y una mancha negra en la garganta ②, unas claras listas blancas en las alas ① y el obispillo gris ③; la hembra ④ y los polluelos presentan una sencilla coloración marrón grisácea.

VOZ: con frecuencia una llamada como "tsched-tsched", en caso de alarma un "te-tetete" penetrante y sonoro; como canto, un trino regular que puede convertirse en griterío.

HÁBITAT: casi en todas las regiones europeas habitadas por el hombre. La mayoría de las veces estas aves sociales aparecen en pequeños grupos.

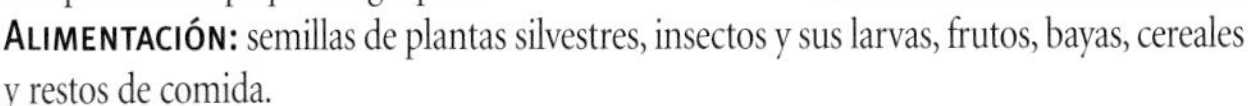

ALIMENTACIÓN: semillas de plantas silvestres, insectos y sus larvas, frutos, bayas, cereales y restos de comida.

NIDIFICACIÓN: nido esférico, de construcción flexible con ramas, cañas, papel y otros desechos, casi siempre en huecos de muros, bajo las tejas de los tejados, en plantas trepadoras, en cajas-nidos o en cualquier lugar a cubierto; 2-3 puestas anuales, 4-6 huevos beige, con dibujo oscuro.

1
2
3
4
1
2
3
4

Pinzón vulgar

Fringilla coelebs

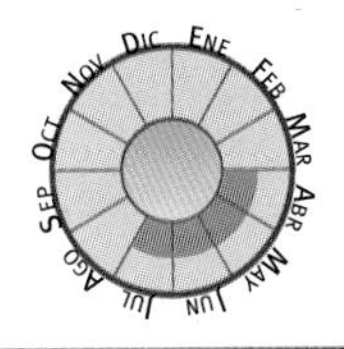

CARACTERÍSTICAS: pájaro cantor de unos 15 cm; ambos sexos presentan una doble franja blanca en las alas ②, el obispillo es verde oliva y los bordes laterales de las alas blancos ③; por lo demás, el colorido de la hembra ④ es poco distintivo; en primavera el macho ① es muy vistoso, con el capirote azul verdoso y el pecho rojo, en invierno más apagado.

VOZ: en caso de alarma, emite un breve "pink" de llamada, en vuelo un corto "jib"; su canto es vibrante, con una serie de tonos descendentes y repetitivos.

CARACTERÍSTICO

Cuando busca comida en el suelo, el pinzón vulgar avanza a saltitos con movimientos bruscos.

HÁBITAT: en bosques de todo tipo, rastrojales, paisajes con setos, parques y jardines, así como en núcleos urbanos; el macho permanece sedentario todo el año, mientras que la hembra suele migrar a Europa occidental y meridional.

ALIMENTACIÓN: semillas y frutos de plantas rastreras y árboles, así como bayas y cereales; en época nidificante también insectos y arañas.

NIDIFICACIÓN: artístico nido en forma de cuenco, casi siempre en un árbol; habitualmente 2 puestas anuales con 3-6 huevos rojizos moteados en marrón cada vez.

Pinzón real

Fringilla montifringilla

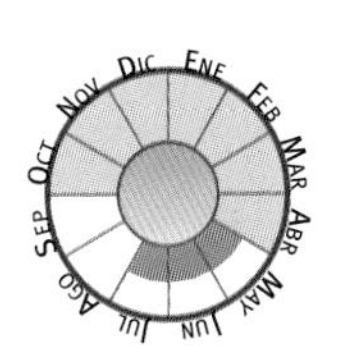

CARACTERÍSTICAS: en tamaño y forma es igual que el pinzón vulgar, pero con el pecho y la parte superior del lomo naranja tostado; la cabeza de la hembra ④ es marrón grisácea todo el año; en invierno, el macho presenta la cabeza y el lomo con placas parduzcas y grises ③, en época nidificante la cabeza ① negro brillante.

VOZ: emite una característico chillido como "kuéi", en el vuelo "jek" o "jip", más fuerte y breve que el del pinzón.

HÁBITAT: nidificante del norte de Europa; durante el invierno aparece en hayedos, campos y vertederos, es frecuente en parques y jardines, no es extraño observarla en bandadas con otros pinzones o con verderones.

CARACTERÍSTICO

A diferencia del pinzón vulgar, los pinzones reales presentan un obispillo blanco luminoso particularmente vistoso ② durante el vuelo.

ALIMENTACIÓN: semillas, sobre todo hayucos, en primavera también brotes; en verano insectos y otros animalillos del suelo.

NIDIFICACIÓN: nido de musgo, pajas, esparto y plumas, casi siempre alto en abedules o coníferas; 5-7 huevos azul claro con manchas rojizas.

1
2
3
4
1
2
3
4

Verdecillo

Serinus serinus

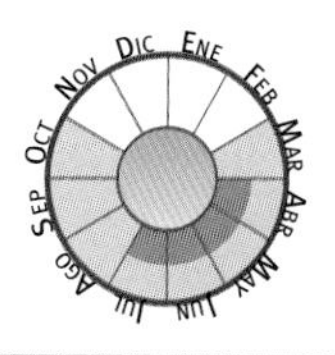

CARACTERÍSTICAS: sólo mide 11 cm; el macho ① es amarillo canario sobre todo en el pecho y la cabeza, la hembra marrón grisácea en su mayor parte; ambos sexos con el obispillo amarillo intenso ②.
VOZ: emiten durante el vuelo un sonoro trino "girlitt" de reclamo; el canto es diáfano y metálico; lo produce durante el vuelo o desde un posadero elevado.
HÁBITAT: en bosques caducifolios y mixtos poco densos, así como en parques y jardines, cementerios y campos de frutales relativamente extendido, aunque no es muy frecuente; algunos individuos aislados invernantes en Alemania, pero en general en Europa meridional.
ALIMENTACIÓN: pequeñas semillas e insectos.
NIDIFICACIÓN: hace su nido en arbustos o en pequeñas coníferas; casi siempre 2 puestas anuales, 3-5 huevos verdosos o azuláceos con manchas rojizas en cada una.
ESPECIE SEMEJANTE: el verderón serrano *(Serinus citrinella)* ④, menos rayado y con la nuca gris, aparece en bosques de montaña.

CARACTERÍSTICO
En primavera el verdecillo macho se hace notar con sus amplios aleteos que recuerdan a los del murciélago.

Jilguero

Carduelis carduelis

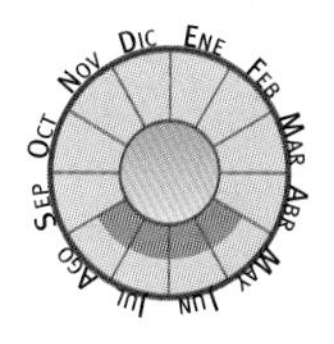

CARACTERÍSTICAS: mide unos 14 cm; ambos sexos marrón rojizo con zonas blancas y negras ①, la faja de las alas es amarilla y el antifaz facial rojo ②; los polluelos tienen la cabeza ④ marrón claro hasta el primer otoño.
VOZ: emiten casi constantemente un "stigelitt" o "didlitt" claro y sonoro, en caso de peligro un prolongado "güeiii", cuando se pelea con sus congéneres un chirriante "tschrrr"; canto formado por sonoras estrofas gorjeantes que se propagan en un único reclamo.
HÁBITAT: en las lindes de los bosques, paisajes de zarzales, campos de frutales y jardines; en otoño e invierno sobrevuela en bandadas buscando semillas en los arbustos.
ALIMENTACIÓN: especialmente semillas de arbustos y árboles, en primavera también brotes; para criar a los polluelos pequeños insectos.
NIDIFICACIÓN: nido en forma de cuenco con paredes gruesas, casi siempre bien alto en arbustos o árboles; suele reproducirse 2 veces al año; 4-6 huevos rojizos con dibujos.

CARACTERÍSTICO
En vuelo es fácil reconocer al jilguero desde lejos por la amplia faja amarilla que destaca en sus alas negras ③.

1
2
3
4
1
2
3
4

Verderón común

Carduelis chloris

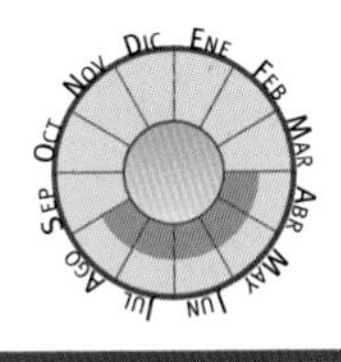

CARACTERÍSTICAS: fringílido de unos 15 cm con marcas amarillas en las alas y la cola ②; en primavera y verano el macho ① presenta un llamativo verde amarillento, mientras que en otoño e invierno es marrón oliva y similar a la hembra ④; los polluelos rayados por abajo ③.

VOZ: al alzar el vuelo suele emitir un resonante "güigüigüi", en caso de alarma un prolongado "tsuiit", y cuando se pelea un estridente "tsuirr"; canto con trinos como los del canario y modulaciones sonoras y silbantes.

HÁBITAT: en bosques abiertos y rastrojales, en paisajes agrícolas con setos y campos de frutales, así como en parques y jardines de las ciudades; frecuente casi en todas partes.

ALIMENTACIÓN: casi exclusivamente herbívoro; semillas, brotes y bayas.

NIDIFICACIÓN: suele anidar en arbustos no muy altos o en árboles jóvenes; 2-3 puestas anuales, 4-6 huevos con manchas marrones dispersas.

CARACTERÍSTICO

La hembra y los polluelos del verderón común se pueden confundir fácilmente con la hembra del gorrión común, no obstante ésta no presenta marcas amarillas en las alas.

Lúgano

Carduelis spinus

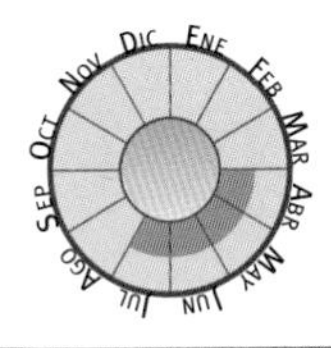

CARACTERÍSTICAS: mide 12 cm; el macho ① con plumaje amarillo, verde oliva y negro, un capirote negro y el peto de la garganta también negro ③; la hembra ④ por arriba verde grisácea y el pecho claro con un visible plumaje rallado.

VOZ: llamadas de vuelo como "di-eh" o "ti-li" acentuadas en la primera sílaba; en el canto, estrofas de trinos apresurados que rematan con un prolongado sonido comprimido.

HÁBITAT: especialmente en bosques de zonas de media montaña y en los Alpes hasta el límite arbóreo.

ALIMENTACIÓN: semillas de árboles, sobre todo de chopos y abedules, aunque también de herbáceas; para criar a los polluelos igualmente pequeños insectos.

NIDIFICACIÓN: anida casi siempre a más de 5 m de altura en una rama exterior de pino; unas 2 puestas al año, 4-6 huevos azul claro con un punteado rojizo en cada una.

CARACTERÍSTICO

En ambos sexos y particularmente en vuelo destaca el dibujo amarillo y negro en las alas ②.

1
2
3
4
1
2
3
4

Pardillo sizerín

Carduelis flammea

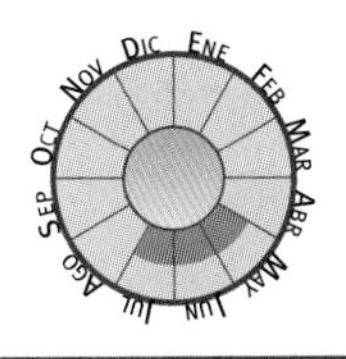

CARACTERÍSTICAS: mide fácilmente 12 cm; el macho es marrón en plumaje nupcial con el pecho rojo rosáceo ①; la hembra ④ más bien marrón grisáceo; ambos sexos con la frente de un rojo luminoso y una pequeña mancha negra en el mentón ②, así como una doble franja blanca en las alas ③.
VOZ: en vuelo un rápido y nasal "dchedchedsche"; canto ronco con gorjeos y trinos, mezclado con aleteos de reclamo.
HÁBITAT: en bosques de montaña alpinos, cerca del límite de los árboles.
ALIMENTACIÓN: pequeñas semillas de árboles caducifolios y plantas herbáceas; en época nidificante también pequeños insectos.
NIDIFICACIÓN: nido alto casi siempre en coníferas; 2 puestas anuales, 4-6 huevos azul claro con dibujos y manchas rojizas y marrones.

CARACTERÍSTICO

Tanto el macho como la hembra del pardillo sizerín presentan todo el año una luminosa mancha roja en la frente ②.

Pardillo común

Carduelis cannabina

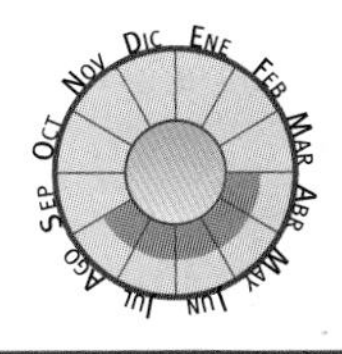

CARACTERÍSTICAS: mide unos 14 cm; en plumaje nupcial el macho ① presenta una coloración rojo carmín a ambos lados del pecho ② y en la frente fácilmente visible, durante la muda otoñal ésta es ya muy parecida al marrón grisáceo de la hembra ④; cola negra y blanca, ligeramente bifurcada ③.
VOZ: en vuelo un "gegegegeg" nasal y algo balbuceante; canto pronunciadamente resonante y melodioso compuesto de gorjeos, trinos, modulaciones aflautadas y elegantes.
HÁBITAT: en paisajes abiertos con arbustos y setos, también en zonas de viñedos, campos de frutales, parques y jardines; frecuente según las comarcas; al margen de la época de reproducción a menudo en bandadas en tierras roturadas o en barbecho, entre éstos también invernantes de las zonas del noreste.
ALIMENTACIÓN: semillas de plantas herbáceas, en ocasiones también de árboles.
NIDIFICACIÓN: habitualmente nido bajo en setos, arbustos o árboles jóvenes; casi siempre 2 puestas al año con 4-6 huevos blancos y manchas rojizas.

CARACTERÍSTICO

En vuelo, el pardillo común parece avanzar a saltos. Sin embargo, el ave llama la atención sobre todo por sus constantes reclamos nasales mientras vuela.

1
2
3
4
1
2
3
4

Cogujada común

Galerida cristata

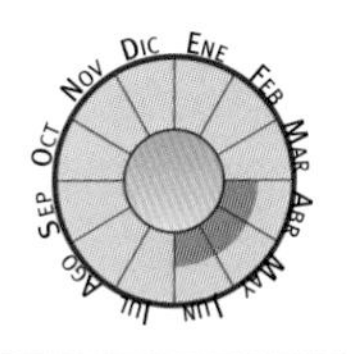

Características: mide unos 17 cm, rechoncha con un moñete alto y puntiagudo que casi siempre luce elevado ①; por arriba marrón, con el pecho rayado ③, sin coloración blanca en la cola ④.

Voz: emite un reclamo suave y aflautado como "die-die-dri-e" o "dü-dü-dür-dli", un canto territorial silbante con gorjeos más o menos prolongado, a menudo compuesto de varias estrofas.

Hábitat: originaria de regiones esteparias y semidesérticas, vive en eriales, páramos y campos de cultivo.

Característico

La cogujada común canta en el suelo o desde un posadero elevado ②.

Alimentación: sobre todo semillas, granos de cereales, puntas de hierbas tiernas, pequeños insectos del suelo y arañas.

Nidificación: hace el nido en el suelo, con frecuencia en taludes de las carreteras y terraplenes, también en tejados bajos; en general 2 puestas al año, con 3-5 huevos marrones con manchas en cada una.

Alondra común

Alauda arvensis

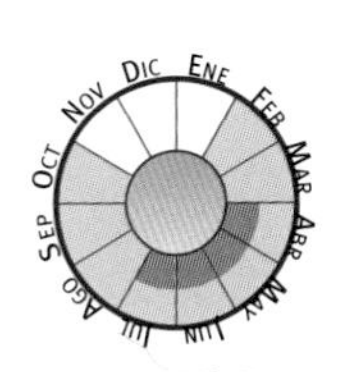

Características: mide unos 18 cm y nunca se posa en los árboles ①; poco vistosa de color marrón, con el abdomen blanco; las plumas de la cabeza se levantan formando una pequeña cresta ③.

Voz: emite un reclamo como "tirrr", "pritt" o "tschrl"; canto con gorjeos en prolongadas estrofas que emite mientras vuela en el cielo.

Hábitat: en campos abiertos, también en pantanos y áreas de la costa; en muchos lugares la población ha experimentado un retroceso; sedentarias sólo en zonas muy templadas, de lo contrario pasa el invierno en Europa meridional y occidental.

Característico

En vuelo se reconocen ② los blancos bordes posteriores de las alas, así como los externos de la cola.

Alimentación: insectos, larvas, arañas, semillas y partes verdes de las plantas.

Nidificación: nido de pajas, escondido en ligeras hondonadas del terreno; generalmente 2 puestas al año con 3-4 huevos intensamente moteados en marrón en cada una.

Especie semejante: la totovía *(Lullula arborea)* ④, claramente más pequeña y poco frecuente, se extiende en Europa central sólo de forma fragmentaria. Al contrario que la alondra común, se posa en los árboles y suele cantar también de noche.

1

2

3

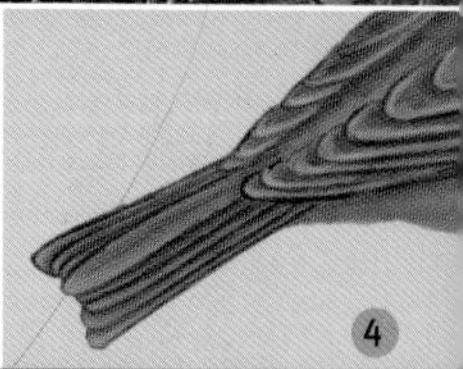

4

1

2

3

4

Ruiseñor común

Luscinia megarhynchos

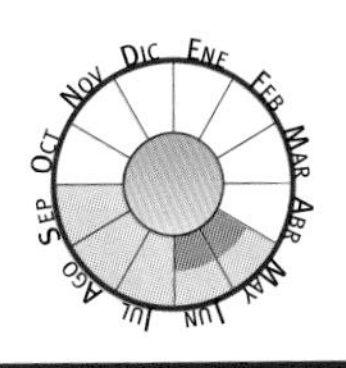

Características: mide fácilmente 16 cm; por arriba presenta un plumaje con un moteado rojizo tostado, por abajo éste es más claro sin dibujo ①, el obispillo y la cola de color intenso, las alas y la cola redondeadas ②; los polluelos con moteado intenso ③.
Voz: como reclamo de alarma emite un silbante "uid" o un ronco "karrr"; el canto es sorprendentemente fuerte y muy melodioso, en la época de cortejo se les oye noche y día ④. Los motivos briosos y agudos alternan con ascendentes "hihihi", con frecuencia denominados "sollozos".

Característico

El ruiseñor común se desplaza en el suelo a grandes saltos. La frecuencia con la que despliega la cola es un rasgo distintivo.

Hábitat: en bosques caducifolios y de ribera, parques, plantaciones de frutales, cementerios y grandes jardines; invernante en África.
Alimentación: insectos, arañas, caracoles, gusanos; en otoño bayas.
Nidificación: nido con hojas secas y pajas, en el suelo o justo por encima, bien escondido entre los arbustos; 4-6 huevos verde oliva.

Ruiseñor ruso

Luscinia luscinia

Características: se parece mucho al ruiseñor común, si bien por arriba no es rojizo sino marrón oliva ①, el pecho beige con manchas marrones en forma de nube ③, la región malar enmarcada en blanco ②; los polluelos intensamente moteados.
Voz: si están nerviosos emiten un profundo "karrr" o un diáfano reclamo como "hiiied"; el canto es más lento y más profundo que el del ruiseñor común, sin su "sollozo", se le oye tanto de día como de noche ④.
Hábitat: se encuentra en una vegetación arbustiva densa y de sombra, sobre todo cerca de aguazales, aunque también en jardines y parques densamente arbolados; tiene su cuartel de invierno en África oriental.
Alimentación: insectos, arañas, caracoles y gusanos; en otoño bayas.
Nidificación: hace el nido en el suelo con hojas secas, pajas y brozas, casi siempre en un hueco al abrigo de un denso arbusto; 4-6 huevos marrones.

Característico

El ruiseñor ruso se distingue del ruiseñor común por el pecho ligeramente marcado y las manchas marrones o bandas transversales poco precisas bajo la cola, en tonos beige.

1
2
3
4
1
2
3
4

Treparriscos

Tichodroma muraria

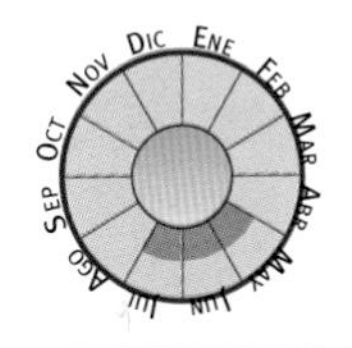

Características: sus alas de color rojo, negro y blanco ① junto con su delgado pico hacen inconfundible a este pájaro cantor de 16 cm. En plumaje nupcial la garganta se tiñe de negro ②, plumaje invernal ③ claro como la hembra; con las alas de color gris piedra que le facilitan camuflarse bien entre los peñascos ④.

Voz: como llamada de contacto un "tui" agudo y silbante; el canto se compone de estrofas con 3-5 silbidos prolongados con un remate descendente y brusco.

Hábitat: en Europa central sólo en los Alpes, en verano en la región rocosa por encima del límite de los árboles, en invierno de nuevo en los valles y no pocas veces en pueblos y ciudades.

Alimentación: captura insectos, larvas, arañas, isópodos y ciempiés que ascienden por las rocas con la ayuda de las pinzas de su pico.

Nidificación: hacen el nido en estrechas grietas de las rocas; 4-5 huevos blancos con puntos marrones.

Característico

Para buscar alimento el treparriscos asciende con movimientos entrecortados por las paredes rocosas. Al sacudir constantemente las alas se ven centellear sus vivos colores.

Cobalba gris

Oenanthe oenanthe

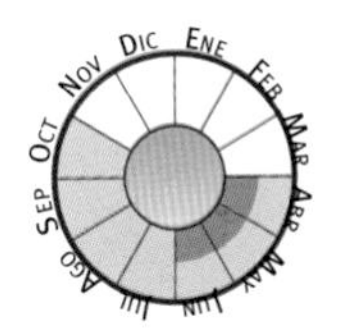

Características: mide 15-16 cm y hace un especial uso del suelo; con plumaje nupcial el macho ① presenta un antifaz negro y la garganta amarillo ocre, después de la muda, a partir de agosto, contrasta menos con la hembra ④ con una coloración más bien marrón grisácea; los polluelos presentan un intenso moteado ③.

Voz: si están nerviosos emite un "tk-tk-tk" atonal, a menudo interrumpido con un "fiid" aislado y fuerte. El canto predominante es un parloteo susurrante mezclado con tonos aflautados.

Hábitat: en parajes abiertos y rocosos, terrenos baldíos, dunas y viñedos, así como en las regiones rocosas alpinas; tiene su cuartel de invierno en África tropical.

Alimentación: insectos y arañas que captura en el suelo.

Nidificación: hace el nido con hierba y musgo, en hoyos del suelo, madrigueras de conejos, pedregales o ratoneras; 5-6 huevos blancos.

Característico

La parte superior de la cola es de un color blanco luminoso, rematado en una franja negra en forma de "T" ②.

Ampelis europeo

Bombycilla garrulus

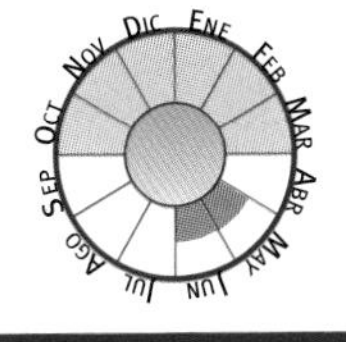

Características: pájaro cantor que mide unos 18 cm, de aspecto rechoncho, con el plumaje de rojo tostado a gris-beige; presenta un antifaz negro en la cabeza y un penacho de plumas eréctiles ①; el remate de la cola es amarillo luminoso ③, las alas presentan un rico contraste blanco, amarillo y negro, con algunas placas corneas rojas ②.

Voz: fuertes reclamos vibrantes como "sirrrr".

Hábitat: ave nidificante en el norte de Escandinavia y Rusia donde vive en la taiga de pinos o en bosques de abedules; como invernante aparece irregularmente en muy distinto número en el centro de Europa; se interna en bandadas en zonas arbustivas, así como en parques y jardines con arbustos de bayas.

Alimentación: en la época de reproducción sobre todo insectos; en otoño e invierno casi exclusivamente bayas ④ y fruta que ha quedado en los árboles.

Nidificación: hace el nido con ramas y fibras vegetales; 3-5 huevos blancos con manchas oscuras.

Característico

El vuelo rectilíneo interrumpido por breves fases de planeo del ampelis europeo es similar al del estornino.

Oropéndola

Oriolus oriolus

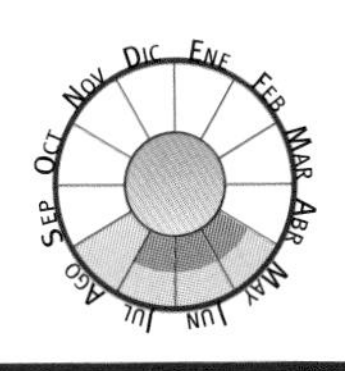

Características: pájaro cantor esbelto de unos 24 cm; el macho ① es amarillo luminoso con las alas negras; la hembra y los polluelos son verde amarillento por arriba ④ y por abajo blancos con un rayado oscuro ③; el macho es amarillo a partir de los tres años.

Voz: ambos sexos emiten un áspero "krrree" o "gegüe" similar al de un grajo. En primavera el macho deja oír por todas partes un canto aflautado y melódico como "dedialio".

Hábitat: en bosques caducifolios o de ribera, aunque también en parques con árboles altos y en grandes jardines con frutales; casi siempre se posa en la parte alta de los árboles. Emigra a África tropical para pasar el invierno.

Alimentación: grandes insectos, orugas, bayas y otras frutas.

Nidificación: el artístico nido tiene forma de cuenco colgante que se fija en una horquilla de la rama. Pone 3-5 huevos de blancos a rosados con algunas manchas marrón oscuro.

Característico

En vuelo, la oropéndola se desplaza de manera similar a los carpinteros, con movimientos ondulantes. Se reconoce fácilmente por su color amarillo ②.

Codorniz

Coturnix coturnix

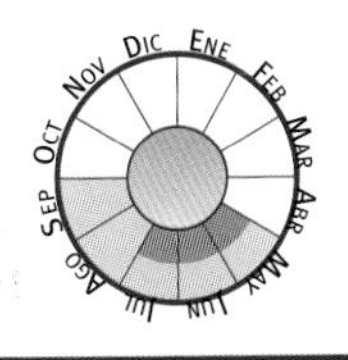

Características: mide sólo unos 18 cm; en el suelo se camufla fácilmente gracias a su plumaje terroso ampliamente moteado ①; el macho tiene el pecho marrón ocre y la garganta negra ②.
Voz: reclamos territoriales prolongados, de tres sílabas y bien acompasados como "pick-ver-vick", sobre todo en el crepúsculo.
Hábitat: en paisajes agrícolas abiertos con praderas y campos; pasa parte del invierno en el área mediterránea y en África tropical.
Alimentación: insectos, caracoles, gusanos, yemas y semillas de hierbas y gramíneas.
Nidificación: 1-2 puestas anuales, en cada una 6-12 huevos amarillentos con manchas oscuras en un nido en el suelo. Los polluelos son nidífugos.
Especie semejante: el guión de codornices *(Crex crex)* ④, de tamaño algo mayor, aparece a veces en el mismo espacio vital que la codorniz. Su vuelo es fluctuante con aleteos suaves y las patas colgantes ③.

Característico
Las codornices huyen casi siempre corriendo. Es poco frecuente verlas volar casi a ras de suelo con un vibrante aleteo.

Lavandera blanca

Motacilla alba

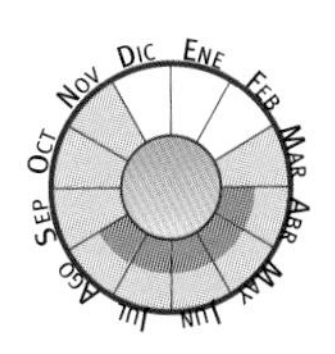

Características: pájaro cantor esbelto de unos 18 cm, con las patas largas; en verano, el macho presenta un rico contraste negro-blanco-gris ①, en invierno es un poco más pálido ③, como la hembra todo el año; la cola es larga con flancos blancos ②; los polluelos tienen un plumón gris parduzco ④.
Voz: reclamos como "pevitt", "ziwlitt" o "zitt"; el canto consiste en un trino apresurado y vivaz que no se oye a menudo.
Hábitat: le gusta estar cerca de la orilla del agua, aunque también en granjas aisladas, pueblos y ciudades, parques y jardines; es frecuente casi en todas partes. Unas pocas pasan el invierno en Europa central, aunque la mayoría vuela a la región mediterránea o incluso a África central.

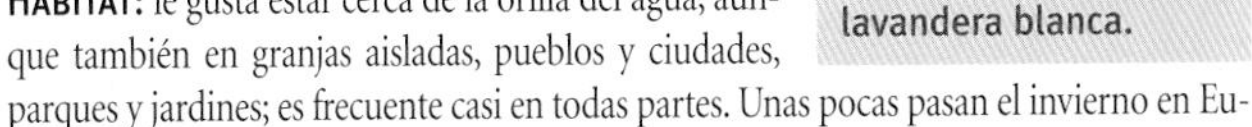

Alimentación: insectos y sus larvas, arañas.
Nidificación: hace el nido en cavidades poco perfeccionadas al borde del agua, con frecuencia también en edificaciones, cobertizos o vigas de madera; suele reproducirse 2 veces al año, pone 5-6 huevos gris claro con manchas oscuras.

Característico
Los pasitos ligeros, el constante movimiento hacia delante de su cabeza y la cola vasculante caracterizan a la lavandera blanca.

1
2
3
4
1
2
3
4

Lavandera boyera

Motacilla flava

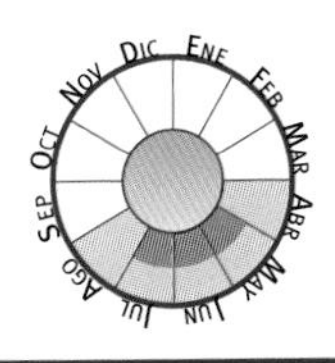

Características: pájaro cantor de unos 17 cm, con la cola y las patas largas; en verano tiene el pecho y el abdomen amarillo luminoso y el dorso marrón oliva; según la subespecie, la cabeza gris con una ceja blanca ① o verde amarillenta ②; después de la muda, al igual que la hembra, su coloración es más pálida, con menos contrastes ③; el polluelo por arriba marrón oliva y por abajo blanco sucio.
Voz: emite un reclamo como "psiih" o "psiip"; el canto consiste en una serie de sílabas parecidas a la llamada.
Hábitat: en praderas húmedas de hierbas poco altas, en campos y cerca de los pueblos; extendido en llanuras, ausente en los Alpes y en zonas boscosas de media montaña; invernante en África.
Alimentación: insectos y sus larvas que captura en el suelo.
Nidificación: hace un nido suelto, escondido en la vegetación del suelo; 1-2 puestas anuales, con 4-6 huevos con intensas manchas marrón tostado.

Característico

Las lavanderas boyeras suelen posarse en los vallados o en los arbustos bajos. Como todas las lavanderas, se reconocen por las constantes oscilaciones de la cola.

Lavandera cascadeña

Motacilla cinerea

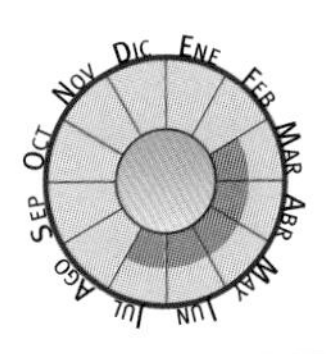

Características: esbelta de 18-19 cm, por arriba gris, por abajo el macho ④ de un amarillo más intenso que la hembra ①, con la garganta blanca ②, sólo se colorea de negro el macho cuando adquiere el plumaje nupcial; en vuelo se advierten los flancos blancos de la cola, así como la franja blanca de las alas ③; los polluelos presentan una coloración crema en el pecho.
Voz: emite un reclamo muy fuerte y agudo, como "zick-zick" o "ziss-ziss", en caso de alarma un estridente "si-siht"; el canto se compone de melodías silbantes encadenadas, trinos y llamadas.

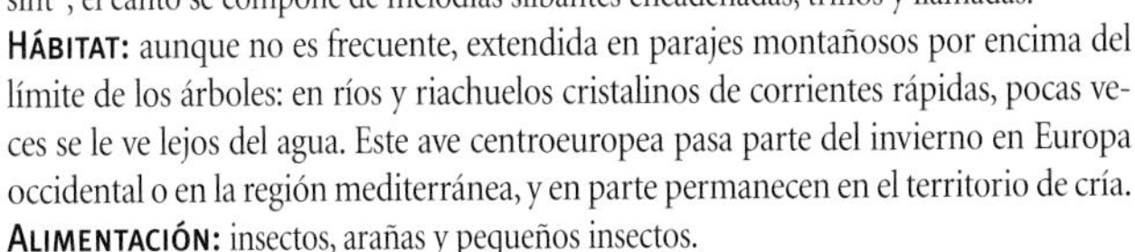

Hábitat: aunque no es frecuente, extendida en parajes montañosos por encima del límite de los árboles: en ríos y riachuelos cristalinos de corrientes rápidas, pocas veces se le ve lejos del agua. Este ave centroeuropea pasa parte del invierno en Europa occidental o en la región mediterránea, y en parte permanecen en el territorio de cría.
Alimentación: insectos, arañas y pequeños insectos.
Nidificación: hacen el nido en agujeros junto a la pendiente de la orilla, o en grietas de las rocas, e incluso debajo de los puentes; 2 puestas al año, 4-6 huevos con manchas marrón tostado en cada una.

Característico

La lavandera cascadeña apenas se encuentra en grandes grupos.

1

2

3

4

1

2

3

4

Chorlitejo grande

Charadrius hiaticula

CARACTERÍSTICAS: mide 18-20 cm, por arriba es de color arena tostado y por abajo blanco ①; con plumaje nupcial presenta en la faz un rico contraste blanquinegro y el pico anaranjado con el extremo negro ②; en plumaje invernal únicamente blanco y marrón ④; en vuelo se distingue la banda blanca de las alas ③.
VOZ: emite un suave "ti-it" de dos sílabas; durante el cortejo un prolongado "t'güeh" o "dri dri dri" cantando en vuelo.
HÁBITAT: con frecuencia nidificante en las costas del mar del Norte y el Báltico; invernante en las costas mediterráneas, suele aparecer de paso hacia las llanas orillas de los aguazales, en el interior.

CARACTERÍSTICO
Como todos los chorlitejos, el grande se desplaza a pasitos rápidos y cortos. La repentina parada va seguida de una concisa "inclinación" de la parte superior del cuerpo.

ALIMENTACIÓN: insectos, larvas, cangrejos pequeños, gusanos y caracoles.
NIDIFICACIÓN: el nido consiste en un ligero hoyo en el suelo; casi siempre 2 puestas anuales, con un promedio de 4 huevos, en color arenoso y puntos oscuros.

Chorlitejo chico

Charadrius dubius

CARACTERÍSTICAS: parecido al chorlitejo grande, aunque algo más pequeño y esbelto, con el pico negro y un fino anillo ocular amarillo limón alrededor del ojo ②; los polluelos ④ con la cabeza marrón claro, similares a los individuos adultos con el plumaje definitivo.
VOZ: en caso de alarma un "piu" fuerte y silbante; durante el cortejo revolotea con alas extendidas a modo de los murciélagos, emitiendo rápidos trinos como "gri gri-gri" o "trie trie trie".
HÁBITAT: extendido, aunque no es un habitante habitual de la llanura; es frecuente en las orillas arenosas o rocosas de los lagos y los ríos, migra a África subsahariana para pasar el invierno.

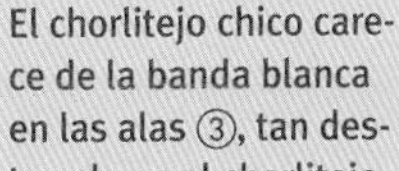

CARACTERÍSTICO
El chorlitejo chico carece de la banda blanca en las alas ③, tan destacada en el chorlitejo grande.

ALIMENTACIÓN: escarabajos, cangrejos pequeños, caracoles, gusanos y otros animalillos del suelo.
NIDIFICACIÓN: el nido consiste en un ligero hoyo en una superficie de arena o gravilla próxima al agua ①; casi siempre 4 huevos, bien camuflados gracias a su pigmentación oscura. Los polluelos son nidífugos como todas las limícolas.

1
2
3
4
1
2
3
4

Andarríos chico

Actitis hypoleucos

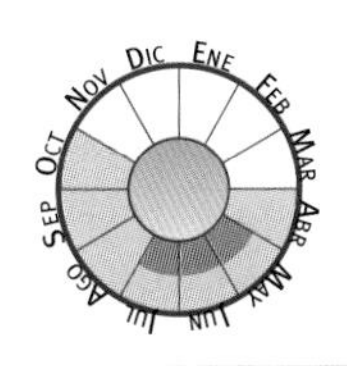

CARACTERÍSTICAS: mide 19-21 cm, por arriba presenta un color marrón oliva levemente jaspeado y un abdomen blanco como la nieve ①. En vuelo llama la atención la banda blanca de sus alas en la parte superior ②.
VOZ: un reclamo diáfano y penetrante como "hih-di-di", acentuado en la primera sílaba; si le molestan un prolongado "iiit"; durante el cortejo el macho emite trinos melodiosos mientras vuela.
HÁBITAT: en orillas arenosas y pedregosas de ríos y lagos, desde los valles hasta alta montaña; en Europa central sólo se extiende en lugares aislados.
ALIMENTACIÓN: insectos, arañas, gusanillos y pequeños cangrejos.
NIDIFICACIÓN: hace un nido poco acolchado en el suelo, habitualmente escondido entre las plantas; 3-5 huevos marrón ocre hasta rojizos con manchas marrón oscuro.
ESPECIE SEMEJANTE: el andarríos grande *(Tringa ochropus)* ④, algo más grande, presenta un vistoso obispillo blanco y la cola barrada ③.

CARACTERÍSTICO

El andarríos chico se posa gustosamente sobre las piedras o tocones arrastrados por el agua, sin dejar de balancear la parte trasera de su cuerpo.

Fumarel común

Chlidonias niger

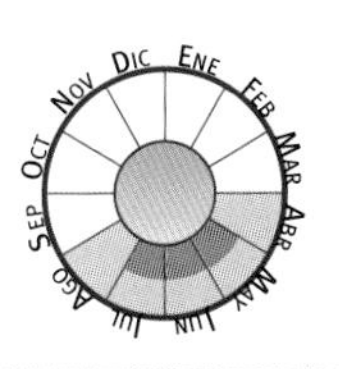

CARACTERÍSTICAS: ave marina grande de 22 a 24 cm, de color gris; con el plumaje nupcial, la parte delantera del cuerpo se vuelve negruzca y la cabeza negro tizón ①; la cola es blanca, con una ligera forma de horquilla ②; el plumón de los polluelos presenta partes blancas en la cabeza ③, parecido al plumaje definitivo de los adultos ④.
VOZ: emite llamadas breves y metálicas como "krierr" "kirr" o "krek".
HÁBITAT: casi siempre se reproduce en colonias en pantanos y en lagos con zonas desecadas y tupida vegetación; tiene el cuartel invernal en África tropical; ave de paso junto a todas las especies desde los aguazales del interior hacia las costas.
ALIMENTACIÓN: insectos acuáticos, sus larvas y otros animalillos también acuáticos.
NIDIFICACIÓN: hace el nido sobre cañas doblegadas, hojas flotantes o en un penacho de hierba que sobresalga del agua; 2-3 huevos en color arcilla hasta marrón oliva con gruesas manchas oscuras; la pareja incuba y cuida a los polluelos.

CARACTERÍSTICO

Los fumareles comunes vuelan a ras del agua en busca de comida y a menudo permanecen un rato en el aire revoloteando. Capturan a la mayoría de los animales desde la superficie del agua.

Andarríos bastardo

Tringa glareola

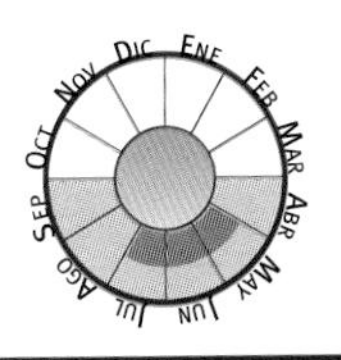

CARACTERÍSTICAS: grácil limícola de 19-21 cm; por arriba tiene unas finas manchas perladas y la parte del abdomen blanca ①; las patas son verde claro.
VOZ: al alzar el vuelo emite un cortante "giff giff giff"; el canto del cortejo consta de largas estrofas con suaves "dlii dlii lii".
HÁBITAT: nidificante en cenagales y pantanos del norte de Europa; durante la época migratoria es frecuente verle, tanto en la costa como en el interior; tiene el cuartel de invierno en África central y meridional.
ALIMENTACIÓN: insectos, sus larvas, gusanos, caracoles y cangrejos.
NIDIFICACIÓN: suele hacer el nido en el suelo entre arbustos enanos; casi siempre 4 huevos, en color verde claro con manchas oscuras irregulares.
ESPECIE SEMEJANTE: el archibebe claro *(Tringa nebularia)* ④ se parece por el color al andarríos bastardo, pero su tamaño es claramente mayor.

CARACTERÍSTICO
En vuelo el andarríos bastardo presenta un obispillo blanco y rectangular ②. En el caso del archibebe claro el obispillo se alarga en forma de cuña ③.

Correlimos común

Calidris alpina

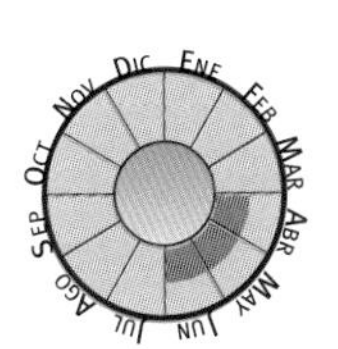

CARACTERÍSTICAS: limícola muy sociable que mide 16-22 cm; por arriba, en verano es rojo tostado ①, y en invierno más bien gris ④; tiene las patas negras y un pico relativamente poderoso con el extremo un poco arqueado hacia abajo ②.
VOZ: en vuelo emite un oprimido y ruidoso "trirrrr", durante el vuelo de cortejo un canto con trinos, en el nido un suave "vivivi" o "goitt".
HÁBITAT: nidificante en la tundra ártica y en las montañas nórdicas así como en playas con hierba y las marismas de las costas nórdicas, aislado también en la costa del mar del Norte y el Báltico; en épocas migratorias (marzo hasta mayo y julio hasta principios de noviembre) en gigantescas bandadas en el estuario del Elba. Mientras que una parte de las aves permanece en Alemania, en su mayoría vuela hacia las costas de Europa occidental y del Mediterráneo.
ALIMENTACIÓN: insectos, gusanos de agua, pequeños crustáceos y caracoles.
NIDIFICACIÓN: anida escondido en la espesa vegetación del suelo; 3-5 huevos en color beige con un tupido punteado marrón. Los polluelos son nidífugos típicos.

CARACTERÍSTICO
Los individuos de ambos sexos presentan una llamativa mancha negra en el vientre durante el verano ③.

1
2
3
4
1
2
3
4

Martín pescador

Alcedo atthis

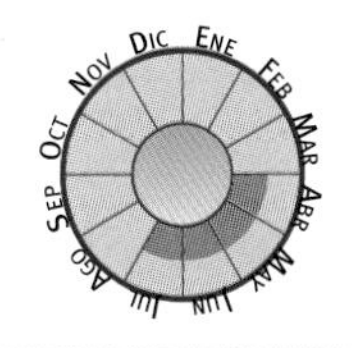

Características: ave rechoncha de 16-17 cm; por abajo es rojo anaranjado ④, y por arriba presenta tonos azules y turquesa con un brillo metalizado ①; la hembra tiene la parte inferior de la cola más o menos roja ③.

Voz: emite un agudo y penetrante "tiiiiit", que se convierte en un "titititititi" más fuerte en caso de alarma.

Hábitat: en ríos y arroyos de aguas cristalinas y orillas escarpadas con abundante vegetación, a veces también en estanques y lagos; solitarios; poco frecuente.

Alimentación: pececillos que captura sumergiéndose en el agua; también insectos acuáticos, sus larvas, renacuajos y cangrejos pequeños.

Nidificación: hace el nido en galerías horizontales de hasta 1 m de profundidad en orillas escarpadas; casi siempre se reproduce de 2 a 3 veces al año con un promedio de 6-7 huevos absolutamente blancos en cada puesta.

Característico

El martín pescador permanece durante horas en las ramas que cuelgan sobre el agua al acecho de una presa. Asimismo es característico su vuelo horizontal y rápido como una flecha, casi siempre a ras del agua ②.

Mirlo acuático

Cinclus cinclus

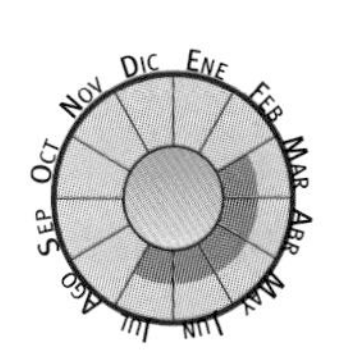

Características: pájaro cantor de aspecto rechoncho que mide 18 cm. Tiene la cola corta, a menudo alzada ②. Presenta un plumaje marrón chocolate con la garganta y el peto del pecho de un blanco luminoso ①; el plumaje de los polluelos es llamativamente jaspeado, marrón grisáceo y blanco, con el peto del pecho aún no delimitado claramente ③.

Voz: emite un agudo "zitt" o un áspero "xett-xett"; canto gorgeante ronco y parlanchín, emitido por la pareja; también se oye en invierno.

Característico

Con frecuencia el mirlo acuático se posa en una piedra en medio del agua, arqueando el cuerpo con regularidad.

Hábitat: extendido en los Alpes, en las zonas de media montaña; en riachuelos cristalinos de corriente rápida y en ríos, hasta los 2 000 m de altura.

Alimentación: insectos acuáticos y sus larvas, cangrejos pequeños, ocasionalmente pececillos; captura también a su presa nadando o incluso buceando.

Nidificación: hace un nido de musgo grande y esférico, con entrada lateral ④, que a menudo utiliza varios años; se reproduce 2 veces al año con 4-6 huevos blancos.

1

2

3

4

1

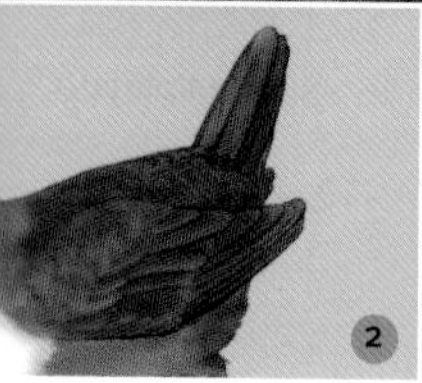

2

3

4

Alcaudón dorsirrojo

Lanius collurio

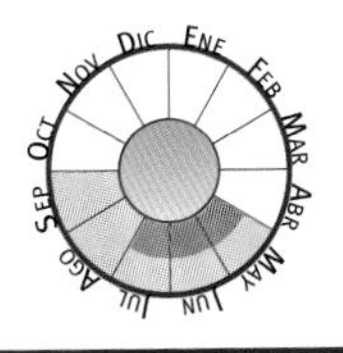

CARACTERÍSTICAS: mide unos 17 cm, con el pico ganchudo ②; el macho presenta un antifaz negro y el lomo rojo tostado intenso ①, la parte inferior blanca y rosácea, la cabeza y el obispillo gris claro y la cola blanquinegra ③; la hembra ④ y los polluelos son de color marrón con la parte inferior más clara.
VOZ: un "dche" o un "trot-trrt" sordo, en caso de amenaza en el nido emite un fuertee "tek"; el canto consiste en un fuerte chacoloteo.
HÁBITAT: en parajes abiertos ricos en setos, sobre todo en campiñas, en las lindes de los bosques, en superficies pantanosas y landas, con zarzales; migra a África oriental y meridional para pasar el invierno.
ALIMENTACIÓN: grandes insectos, ranas pequeñas, lagartos, ratones y polluelos.
NIDIFICACIÓN: hace el nido en forma de cuenco en un lugar bajo entre la espesura de los arbustos; 4-6 huevos con una corona de manchas marrones.

CARACTERÍSTICO

El alcaudón suele atrapar a sus presas entre las zarzas, lo que además de despensa le sirve de ayuda para desmenuzarlas.

Alcaudón real

Lanius excubitor

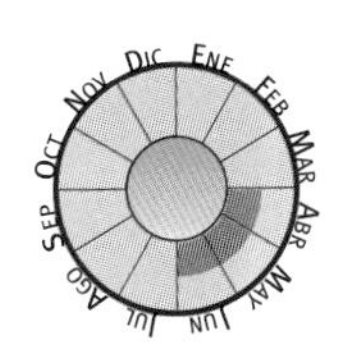

CARACTERÍSTICAS: pájaro cantor de unos 24 cm, blanco y negro con la parte superior gris argentada ②; presenta un antifaz negro y el pico ganchudo ①; los polluelos son marrón grisáceo con un dibujo ondulante poco marcado en la parte inferior ③.
VOZ: cuando se siente amenazado en el nido emite un fuerte "güed guëd"; el canto está formado por largos sonidos silbantes y un parloteo ronco.
HÁBITAT: en paisajes abiertos con arboledas y arbustos, también en jardines con frutales añosos; ampliamente extendido, aunque es poco frecuente.
ALIMENTACIÓN: insectos grandes, ratones, pajarillos como el verderón, lagartos; sujeta las presas grandes en las zarzas o en las ramas puntiagudas o las fija a las horquillas de las ramas para poder desmembrarlas con más facilidad ④.
NIDIFICACIÓN: suele hacer el nido en arbustos o árboles aislados; 5-6 huevos blancos con manchas gruesas marrones.

CARACTERÍSTICO

Desde un puesto alto o en un vuelo vibrante, el alcaudón real vigila a la presa que captura precipitándose sobre ella como las rapaces.

Pico picapinos

Dendrocopos major

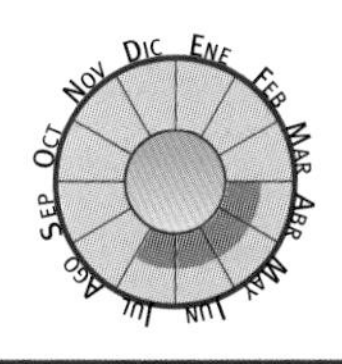

CARACTERÍSTICAS: carpintero grande de 22-23 cm, con el plumaje blanquinegro y rojo; presenta unas características manchas grandes y blancas en las alas ② y el obispillo rojo luminoso; el macho ① tiene una mancha rojo escarlata en la nuca, ausente en la hembra ④; los polluelos de ambos sexos tienen el cráneo rojo ③.
VOZ: su reclamo consiste en un "kick" de sonido metálico que repite sucesivamente más rápido en caso de alarma; en primavera, la pareja emite un "rerere" durante los vuelos de apareamiento.
HÁBITAT: en bosques de todo tipo, con frecuencia también en parques y jardines con árboles altos, incluso en núcleos urbanos; frecuente.
ALIMENTACIÓN: insectos que viven en los árboles y sus larvas, también savia, así como huevos y polluelos recién nacidos de otras aves; en invierno sobre todo semillas de árboles.
NIDIFICACIÓN: la pareja acondiciona en común una nueva cavidad para el nido cada año; casi siempre 5-7 huevos blancos; ambos cuidan de las crías.

CARACTERÍSTICO
La espiral de martilleos que emiten los individuos de ambos sexos para marcar su territorio es breve y siempre más acentuada al principio.

Pico mediano

Dendrocopos medius

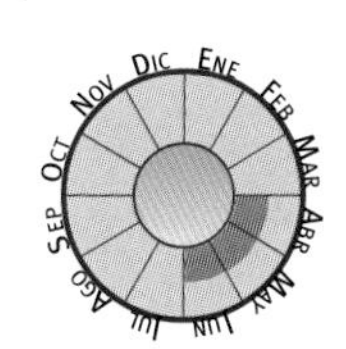

CARACTERÍSTICAS: mide 20-22 cm, algo más pequeño que el pico picapinos; por arriba presenta un vistoso contraste blanco y negro, mientras que por abajo es blanco, suavemente rayado ① el obispillo rosa pálido ②.
VOZ: emite como reclamo un "kik" tenue, ocasionalmente en series cada vez más aceleradas; el canto territorial consiste en sonidos nasales y lastimeros, martillea muy raras veces.
HÁBITAT: en bosques caducifolios y mixtos, sobre todo con hayas y carpes, también en parques y grandes jardines con estos árboles; en Europa central sólo en zonas de llanura, ausente en las montañas.
ALIMENTACIÓN: insectos que captura desde las hojas y las ramas, pocas veces aunque también en el tronco; en invierno también semillas de árboles.
NIDIFICACIÓN: anida en cavidades de troncos enmohecidos; 5-6 huevos blancos.
ESPECIE SEMEJANTE: únicamente el macho del pico menor *(Dendrocopos minor)* de sólo 15 cm presenta un sombrerillo rojo. La hembra ③ no presenta ni rastro de rojo, aunque tiene el copete amarillo ocre.

CARACTERÍSTICO
Contrariamente al pico picapinos, el pico mediano además de la cerviz roja tiene también el copete rojo.

1
2
3
4
1
2
3
4

Carpintero tridáctilo

Picoides tridactylus

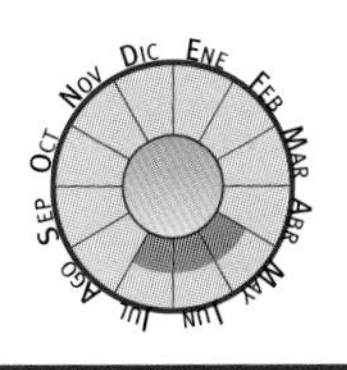

Características: el plumaje blanquinegro de este carpintero de casi 22 cm presenta un dibujo vivo. En el dorso se extiende una ancha banda blanca desde la cerviz hasta el obispillo ③. El macho ① presenta una mancha amarilla en el copete, ausente en la hembra ②. La característica a la que debe su nombre son las garras, con sólo 3 dedos en vez de 4.

Voz: emite un blando y resonante "igg" como reclamo que se oye muy pocas veces; no obstante es frecuente oír un martilleo con prolongadas sucesiones de golpes.

Hábitat: nidificante en latitudes septentrionales, vive sobre todo en bosques de pinos de zonas altas, entre 800 y 1 700 m.

Alimentación: en los troncos y bajo la corteza, insectos vivos y larvas; a principios del verano también la savia.

Nidificación: habilita cada año una cavidad nueva en el árbol; 3-4 huevos blancos.

Característico

Para obtener la apreciada savia, el carpintero tridáctilo martillea con el pico la corteza de las coníferas practicando una serie de agujeros a poca distancia entre sí ④.

Torcecuello

Jynx torquilla

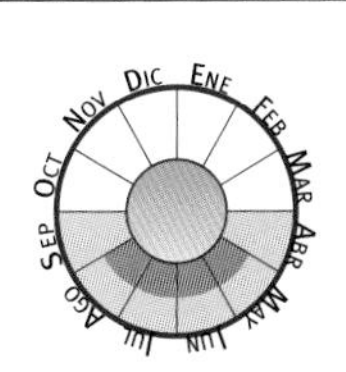

Características: el torcecuello, que mide 16-17 cm, es un carpintero con pico relativamente corto ②, su coloración marrón le confiere más bien la apariencia de un pájaro cantor. En el plumaje se advierte un dibujo rayado ①, con una prolongada lista marrón negruzca en el lomo ③.

Voz: emite una serie de sonidos fuertes ligeramente plañideros con tonos ondulantes como "gjegjegjeje" en el remate; a veces también un "gschrih" sibilante.

Hábitat: aislada en bosques caducifolios poco poblados, arbustos, avenidas, jardines de frutales, cementerios, parques y jardines con árboles frondosos viejos; pasa el invierno en África tropical occidental y central.

Alimentación: ante todo pupas de hormigas que agrupa en el suelo; ocasionalmente también otros pequeños insectos y sus larvas.

Nidificación: ponen 6-10 huevos blancos directamente en la cavidad del árbol ④ (cavidades de carpinteros abandonadas) o en cajas nido.

Característico

Durante el cortejo y también en caso de peligro el ave echa la cabeza ampliamente hacia atrás, al tiempo que mueve el cuello de un lado al otro siseando a la vez.

1
2
3
4
1
2
3
4

Zorzal alirrojo

Turdus iliacus

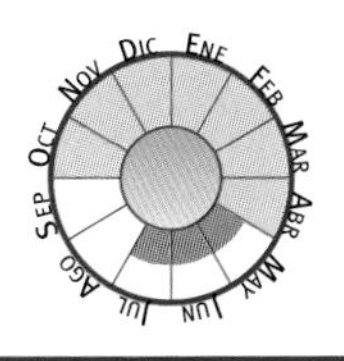

Características: mide unos 21 cm, con los costados marrón óxido, y una vistosa lista superciliar blanca amarillenta ①; presenta manchas negras en el pecho, de coloración clara, y más o menos dispuestas en líneas prolongadas ④; en vuelo es visible el rojo tostado de debajo de las alas ③.

Voz: la llamada de vuelo consiste en un "zjiih" fuerte, prolongado y algo ronco; el canto se compone de una serie descendente de sonidos aflautados con gorjeos oprimidos.

Hábitat: ave nidificante de los bosques de la taiga nórdica, busca comida en zonas de pradera, así como en jardines y parques con arbustos de bayas.

Alimentación: en otoño e invierno sobre todo bayas ②, pero también animalillos como gusanos y caracoles.

Nidificación: hace un nido estable en las ramas bajas de árboles y arbustos, a veces en el suelo; 5-6 huevos con un leve dibujo marrón rojizo.

Característico

En las noches sin viento del mes de octubre, y en marzo/abril a menudo se puede oír los característicos reclamos que el zorzal alirrojo emite en vuelo.

Zorzal común

Turdus philomelos

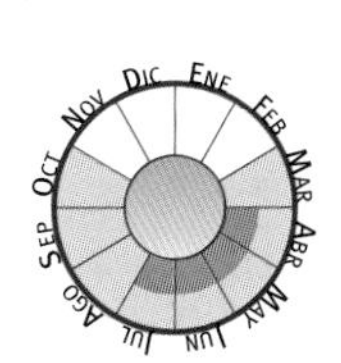

Características: zorzal de unos 23 cm; por arriba marrón oscuro y por abajo blanco crema con numerosas manchas punteadas oscuras ①; la faz sin ceja representativa ③.

Voz: en vuelo suele emitir un breve y agudo "zipp", en caso de peligro emite un grito penetrante; canto ruidoso con distintos motivos que emite al amanecer y en el crepúsculo desde las ramas exteriores de un árbol alto o en cualquier otro posadero alto.

Hábitat: en bosques con abundante sotobosque y arbustos, con frecuencia también en jardines y parques; en zonas montañosas de hasta 2 000 m de altura; migra a Europa occidental o mediterránea para pasar el invierno.

Alimentación: en primavera sobre todo gusanos, en verano orugas; en otoño bayas y fruta, así como caracoles todo el año ④.

Nidificación: nido sólido en forma de cuenco, sobre todo en pinos jóvenes, muy cerca del tronco; se reproduce dos veces al año con 4-6 huevos cada vez, en colores turquesa (pág. 23).

Característico

En un zorzal común en vuelo se puede observar las coberteras medias amarillo tostado ②. Contrariamente al zorzal charlo (pág. 122), su vuelo es relativamente horizontal.

Mirlo común

Turdus merula

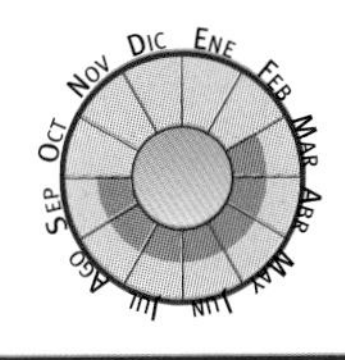

Características: mide unos 25 cm; el plumaje de los machos es negro tizón, tiene pico amarillo y un anillo ocular amarillo ①; las hembras presentan una coloración uniforme marrón oscuro ②; los polluelos son marrón claro intensamente moteado ③; en ciudades no es raro ver albinos parciales, con parte del plumaje blanco ④ más o menos extendido.

Voz: como reclamo emite un aguado "tjock" o "tic tic", en caso de alarma un grito estridente; el canto es muy melodioso y rico en alternancias.

Hábitat: sobre todo en parques y jardines, incluso en medio de las grandes ciudades.

Alimentación: lombrices, caracoles e insectos; en otoño también bayas y frutas.

Nidificación: hace un nido sólido con arcilla, en arbustos y setos, aunque también en edificios, en espalderas y balcones; 2-3 puestas anuales con 3-5 huevos ligeramente jaspeados en marrón.

Característico

El fuerte y melódico canto del mirlo se oye ya a finales del invierno. Lo emite al amanecer desde un posadero elevado, como las ramas exteriores de los árboles, los tejados de las casas o las antenas de televisión.

Estornino pinto

Sturnus vulgaris

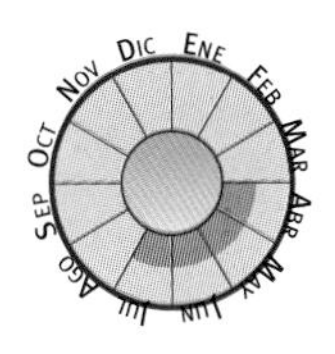

Características: de unos 21 cm de longitud; plumaje negro con finos toques blancos, en la época nidificante los machos adquieren un brillo violeta y verdoso ①; en otoño, después de la muda, particularmente repleto de manchas ("estornino perlado") ④; los polluelos todavía pardos ②.

Voz: emite roncas llamadas "rrah", en caso de peligro un fuerte "pett pett"; el canto consiste en un persistente parloteo, mezclado con sonidos silbantes y chasqueantes. Cuando canta, un estornino mueve vivamente las alas ③.

Hábitat: en bosques caducifolios y mixtos, rastrojeras, parques y jardines; salvo en las montañas frecuente en todas partes, excepto durante la época de reproducción a menudo en grandes bandadas; pasa la mayor parte del invierno en el sur de Europa.

Alimentación: insectos, gusanos, así como bayas y fruta.

Nidificación: hace el nido en las cavidades de los árboles, paredes o grutas, también en cajas nido; 1-2 puestas al año con 4-7 huevos verde turquesa hasta azul claro.

Característico

El estornino pinto se reconoce fácilmente en el suelo por su forma de corretear vacilante a pasitos cortos. Así se distingue con claridad del mirlo que avanza a saltitos.

1

2

3

4

1

2

3

4

Escribano palustre

Emberiza schoeniclus

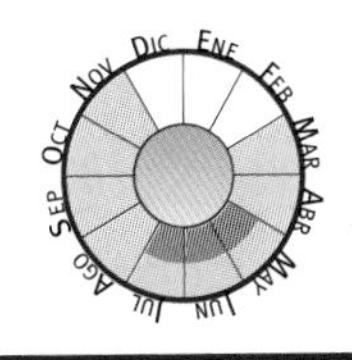

CARACTERÍSTICAS: mide fácilmente 15 cm; en plumaje nupcial el macho con la cabeza negra y un collar blanco del que se alzan unas listas blancas a modo de bigoteras ①; después de la muda otoñal, la hembra ②, adquiere una coloración castaña en la cabeza, con las listas del mostacho oscuras destacando sobre la garganta blanca ③.
VOZ: la llamada más frecuente es un "sipp" agudo y descendente acompañado de gorjeos y trinos; el canto territorial se compone de breves estrofas juntas como "tuiktuik-tuik-titititk".

CARACTERÍSTICO
El escribano palustre suele extender la cola dejando ver claramente sus flancos blancos ④.

HÁBITAT: en grandes juncales y carrizales, en zonas desecadas de estanques y lagos, a orillas de los ríos o en pantanos; en gran parte, son aves migratorias de corta distancia, sólo permanecen en el centro de Europa las que se instalan en zonas muy templadas.
ALIMENTACIÓN: semillas, sobre todo de gramíneas, aunque también insectos.
NIDIFICACIÓN: suele hacer el nido en el suelo, escondido en altas herbáceas; 2 puestas anuales, con 5-6 huevos liláceos o parduzcos, con tupidos borrones o estrías violeta o negras.

Escribano cerillo

Emberiza citrinella

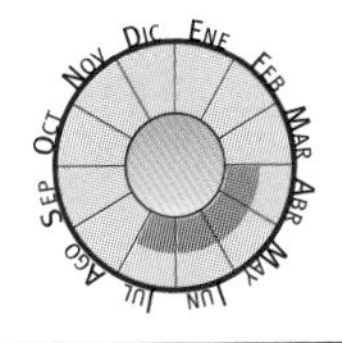

CARACTERÍSTICAS: pájaro cantor que mide fácilmente 15 cm, con la cola bastante larga; sobre todo en período nidificante, el macho presenta la cabeza y el pecho amarillo luminoso ①, en plumaje invernal ③ gran parte del plumaje amarillo se torna verde oliva; la hembra es amarillo mate, con un intenso rallado en la cabeza y el pecho ④.
VOZ: emite llamadas como "tsuitt", "tsui" o "tuirr"; las estrofas del canto se componen de una serie de tonos altos invariables con una prolongada modulación final, como "chi-chi-chi-chi-iiii".

CARACTERÍSTICO
Cuando un escribano cerillo echa a volar, llama la atención su obispillo marrón óxido y los flancos blanquísimos de la cola ②.

HÁBITAT: en campos de cultivo no muy extensos con setos y arbustos, también en las lindes de los bosques, así como en parques y jardines, en los límites de las poblaciones.
ALIMENTACIÓN: semillas, brotes y otras partes verdes de las plantas, en verano insectos.
NIDIFICACIÓN: nido en forma de cuenco construido con palitos, hojas y musgo, próximo al suelo y escondido entre los arbustos; 2 puestas al año con 3-5 huevos ligeramente rayados en gris o rojo oscuro.

1

2

3

4

1

2

3

4

Camachuelo común

Pyrrhula pyrrhula

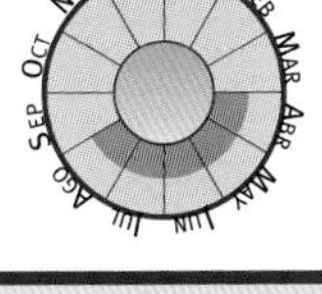

CARACTERÍSTICAS: con 16 cm, apenas es más grande que un gorrión común, aunque por su aspecto rechoncho, parece de mayor tamaño; el macho es rojo luminoso por abajo, blanquinegro y gris por arriba, con el capirote de la cabeza negro ①; la hembra por abajo marrón rojizo opaco ④; los polluelos carecen de capirote ③.

VOZ: suave y melancólico suena el "yi" o "yip" del camachuelo. El canto, un parloteo sibilante, mezclado con tonos repetitivos y aflautados, es tenue y poco distintivo.

CARACTERÍSTICO

En vuelo, destaca en particular el obispillo blanco luminoso del camachuelo ②.

HÁBITAT: en expansión desde la llanura a las montañas, frecuente en bosques de coníferas y mixtos, arbustos, setos, parques y jardines.

ALIMENTACIÓN: brotes, semillas y bayas, en época de cría también insectos.

NIDIFICACIÓN: hace un nido suelto de ramas y musgo escondido en la espesura de los arbustos y coníferas; habitualmente 2 puestas al año, con 4-6 huevos azul claro con manchas oscuras. La pareja de camachuelos vive en monogamia.

Picogordo

Coccothraustes coccothraustes

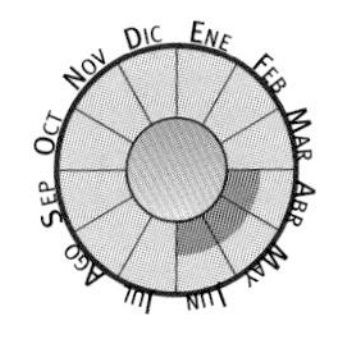

CARACTERÍSTICAS: pájaro cantor de 18 cm, marrón canela, blanco y negro, con el pico extremadamente grueso gris azulado en verano ①, mientras que en invierno es de color hueso; en vuelo presenta una banda blanca en las alas y una llamativa cloaca blanca ②.

VOZ: casi siempre emite breves y agudas llamadas como "dsick" o "tsit" que delatan su discreta presencia en las copas de los árboles. Su canto balbuceante con reclamos modulados y sonidos nasales se oye pocas veces.

CARACTERÍSTICO

Gracias a su pico macizo, es difícil confundir al picogordo con otra ave autóctona.

HÁBITAT: en bosques caducifolios y mixtos, igualmente en parques y jardines con árboles caducifolios añosos y altos.

ALIMENTACIÓN: semillas de caducifolias, sobre todo de hojaranzos y arces.

NIDIFICACIÓN: hace un gran nido con ramas, pajas y raicillas en la parte alta de árboles caducifolios; 4-6 huevos grises con marcas oscuras.

ESPECIE SEMEJANTE: también el piquituerto común *(Loxia curvirostra)* tiene un pico muy poderoso, con los extremos cruzados. El macho es pardo-rojizo ④ y la hembra verde amarillento ③.

Chotacabras gris

Caprimulgus europaeus

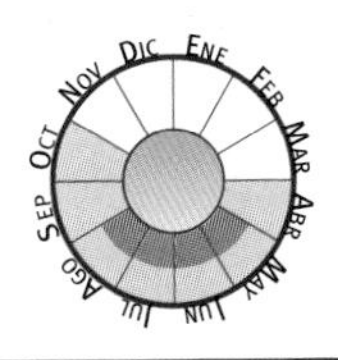

CARACTERÍSTICAS: ave de actividad crepuscular y nocturna, de unos 25 cm, con un plumaje mimético del color de la corteza ①; pico diminuto ④; alas largas, en el macho con manchas blancas ②, ausentes en la hembra ③.
VOZ: en el cortejo el macho emite durante horas un zumbido de modulación ascendente y descendente desde un posadero elevado.
HÁBITAT: sólo en zonas cálidas y secas de regiones muy llanas, sobre todo en las lindes de bosques de pinos con matorrales; invernante en África.
ALIMENTACIÓN: insectos de actividad nocturna que captura en vuelo.
NIDIFICACIÓN: 2 huevos intensamente manchados, sin nido alguno, en un lugar del suelo libre de vegetación alta. Los polluelos permanecen acurrucados en el lugar de la puesta, aunque pueden andar inmediatamente después de salir del cascarón.

CARACTERÍSTICO
Si de día ahuyentamos al chotacabras gris de su lugar de descanso, volará un poco más allá, para volver a posarse enseguida en su rama.

Vencejo

Apus apus

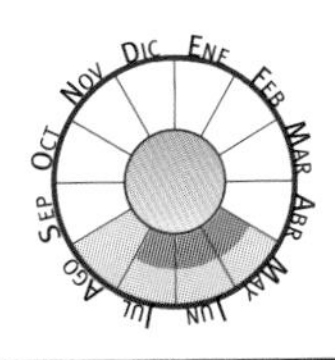

CARACTERÍSTICAS: ave semejante a la golondrina que alcanza con facilidad los 16 cm, sus alas delgadas y falciformes ④ rebasan ampliamente la cola bifurcada cuando se posan ③; al margen de la mancha blanquecina que presenta en el mentón y la garganta ②, su plumaje es marrón negruzco ①; los polluelos ligeramente manchados.
VOZ: es frecuente oír los fuertes y estridentes reclamos como "chrieh" de estas aves sociales.
HÁBITAT: con frecuencia sobrevuela parajes abiertos en busca de alimento; invernante en África tropical.
ALIMENTACIÓN: pequeños insectos voladores.
NIDIFICACIÓN: anida en colonias, en grietas elevadas de las rocas o en huecos de muros y cavidades debajo de los tejados; 2-3 huevos blancos; la incubación y la cría de los polluelos a cargo de la pareja.
CURIOSIDADES: excepto cuando nidifican o cuidan de los polluelos, los vencejos están casi constantemente en el aire, incluso cuando duermen.

CARACTERÍSTICO
El vencejo es un volador rasante que corta el aire con sus rápidos aleteos planos. Contrariamente a las golondrinas, en vuelo nunca coloca las alas pegadas al cuerpo.

Mochuelo común

Athene noctua

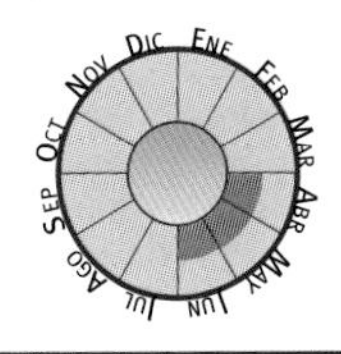

CARACTERÍSTICAS: mide 21-23 cm, de aspecto rollizo y cola corta; es marrón oscuro con un tupido moteado blanco ①; ojos amarillo azufre; los polluelos son marrón claro ②.

VOZ: el canto territorial consiste en un prolongado "tuuuuuu" o "kiiu", en caso de alarma emite un breve "kíu" o "kiip"; si se siente amenazado en el nido lanza un gañido como "kíu" y hace ruidos con el pico.

HÁBITAT: en muchos lugares actualmente es escaso; vive sobre todo en parajes de cultivos abiertos y regiones de llanura con arbustos dispersos.

ALIMENTACIÓN: en particular ratones, aunque también pajarillos, ranas, lagartos, insectos grandes, arañas y lombrices de tierra.

NIDIFICACIÓN: 1 puesta de 3-5 huevos blancos en cavidades de árboles o huecos de muros.

ESPECIE SEMAJANTE: el mochuelo boreal o lechuza de Tengmalm *(Aegolius funereus)* ④ presenta una marcada actividad nocturna, durante el día permanece escondido en la espesura de las coníferas. Los discos faciales se extienden por encima de los ojos ③.

CARACTERÍSTICO

Aunque su actividad es sobre todo crepuscular, es habitual ver al mochuelo durante el día. Cuando está nervioso se encoge.

Mochuelo chico

Glaucidium passerinum

CARACTERÍSTICAS: con 16-18 cm, pertenece a la familia de los búhos, siendo la de menor tamaño de toda Europa; de aspecto redondeado; relativamente pequeño, con ojos amarillos; por arriba es marrón chocolate jaspeado en blanco ①, y por abajo, blanco con hileras de manchas oscuras ②.

VOZ: el canto territorial consiste en una serie de tonos aflautados como "ihb ihb" y un vibrante "ihb i-i-i-i", se le oye en otoño y en primavera, casi siempre de noche, aunque a veces de día; en otoño emite además una singular sucesión de modulaciones tonales en ascendente.

HÁBITAT: en bosques de coníferas y mixtos en los Alpes y zonas altas de media montaña.

ALIMENTACIÓN: sobre todo ratones y pajarillos.

NIDIFICACIÓN: 3-7 huevos blancos; habitualmente nidifica en cavidades de carpinteros abandonadas ④.

CURIOSIDADES: el mochuelo chico, activo crepuscular y diurno captura aves hasta de su propia talla corporal, tanto en el suelo como en vuelo.

CARACTERÍSTICO

Al amanecer y a la hora del crepúsculo este pequeño mochuelo se posa en el extremo de las ramas de las coníferas y emite silbidos guturales. En caso de alarma, alza su corta cola ③.

1
2
3
4
1
2
3
4

Chorlito dorado europeo

Pluvialis apricaria

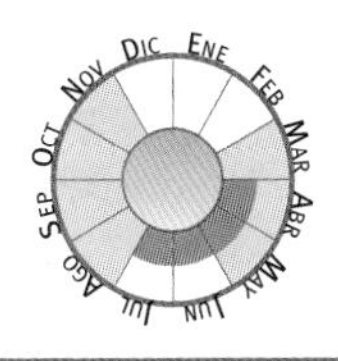

CARACTERÍSTICAS: limícola sociable de unos 28 cm; por arriba marrón oscuro con un moteado dorado amarillento; en plumaje nupcial, la faz y la parte inferior revestida de negro en su mayor parte ③; a veces con manchas en la zona de la garganta ①, su plumaje invernal es blanco sucio ④.
VOZ: tenue reclamo aflautado como "dlih", en caso de alarma un "tli-i" bisilábico. Durante el cortejo el macho emite estrofas de cuatro sílabas como "ti-ti-tidiu-tidiu".
HÁBITAT: ave nidificante característica del norte, en Europa central apenas algunas parejas en Niedersachsen; a menudo vuela en grandes bandadas por la costa norte y el Báltico, en el interior casi siempre en pequeños grupos.
ALIMENTACIÓN: insectos y larvas, arañas, caracoles y bayas.
NIDIFICACIÓN: la puesta, de 3-4 huevos marrón claro con manchas oscuras, se realiza en un hoyo entre la vegetación del suelo. Los polluelos son nidífugos.

CARACTERÍSTICO
En vuelo, el chorlito dorado muestra los flancos blanquecinos de la parte inferior de sus alas y sus luminosas escapulares ②.

Avefría

Vanellus vanellus

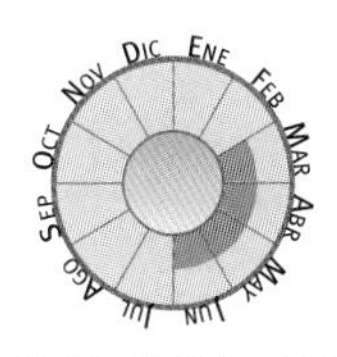

CARACTERÍSTICAS: ave sociable de unos 30 cm, desde lejos parece negra y blanca, pero a corta distancia se observa su brillante color verde metálico, en vuelo destaca su obispillo en tonos canela ②; en plumaje nupcial el macho adquiere un largo copete de plumas y la garganta se torna negra ①; en plumaje invernal ambos sexos presentan la garganta blanca ④; la hembra tiene un copete corto ④ y los polluelos más corto aún ③.
VOZ: emite una llamada bisilábica resonante y lastimera como "ki-puit"; durante el vuelo de exhibición del macho un "piuit-pi-uit".
HÁBITAT: extendida en llanuras con superficies desecadas, pantanos, praderas de hierba baja y zonas de cultivo; cuando llega el frío migra al sur, sedentaria todo el año en lugares de inviernos suaves.
ALIMENTACIÓN: insectos, lombrices de tierra y caracoles.
NIDIFICACIÓN: casi siempre 4 huevos marrón oliva con manchas negras. Realiza la puesta en un rebaje del terreno. Los polluelos son nidífugos.

CARACTERÍSTICO
El avefría macho realiza espectaculares vuelos de exhibición con caídas en picado y embravecidos tirabuzones para delimitar el territorio y atraerse a la hembra.

Abubilla

Upupa epops

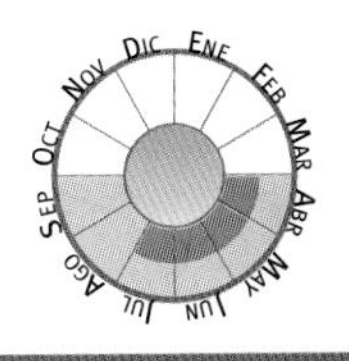

CARACTERÍSTICAS: de unos 28 cm, con las patas cortas; presenta un largo penacho en la cabeza ④ que se alza convirtiéndose en un abanico de plumas con el remate negro ①; se distinguen bandas transversales en las alas, el dorso y la cola ②, el resto de su plumaje es marrón canela pálido.

VOZ: la llamada trisilábica de largo alcance que emite la abubilla suena como un resonante "pu-pu-pu". Exterioriza su alarma mediante un áspero "raaaah".

HÁBITAT: en bosques claros, parques y zonas de cultivos abiertos; invernante en África.

ALIMENTACIÓN: grandes insectos, caracoles, gusanos, ocasionalmente ranas o lagartos.

NIDIFICACIÓN: pone 5-8 huevos; suele hacer el nido en las cavidades de los árboles ③, en el hueco de una roca, una pared o en un hueco en el suelo.

CARACTERÍSTICO

El vuelo de la abubilla recuerda al revoloteo de la mariposa por sus irregulares aleteos. Al igual que cuando está nerviosa, cuando se posa también despliega su penacho de plumas ①.

Cuco

Cuculus canorus

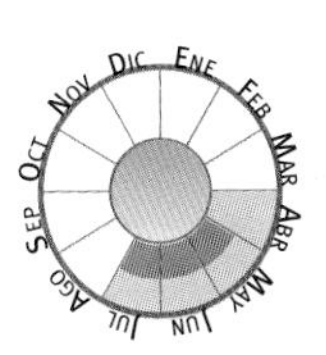

CARACTERÍSTICAS: mide 32-34 cm, con una larga cola; por arriba es gris ①; particularmente la hembra a veces también castaño rojiza ③; por abajo presenta un dibujo de bandas muy juntas que recuerdan al del gavilán.

VOZ: el canto territorial del macho es la llamada del cuco que todos conocemos. En época de reproducción, la hembra emite un trino resonante; el fuerte reclamo de los polluelos suena como "chri-chri".

HÁBITAT: sobre todo en paisajes semiabiertos con abundantes contrastes y presencia de otros muchos pájaros cantores, también en grandes parques; invernante en África tropical.

ALIMENTACIÓN: orugas, incluso las más peludas desechadas por otras aves, e insectos grandes.

NIDIFICACIÓN: el cuco es un gran inquilino de los nidos, ya que pone anualmente hasta 20 huevos en nidos de distintos pájaros cantores, dejando a los extraños incubar y criar a sus polluelos ④.

CARACTERÍSTICO

El dibujo de su vuelo recuerda al de una rapaz. Sus alas largas y delgadas con los extremos puntiagudos, así como su cola igualmente larga distinguen su silueta ②.

Becada o chocha perdiz

Scolopax rusticola

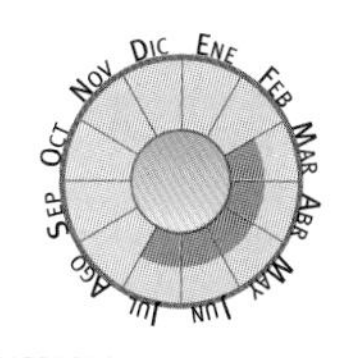

Características: mide 32-34 cm, rechoncha y de pico largo ②; presenta un plumaje con dibujos marrón claro y oscuro que recuerda a la paja ④.

Voz: en vuelo de cortejo, el macho emite un ahogado "croac croac croac" seguido de un diáfano y agudo "pss-sip" "psssip"; excepto en la época nidificante, se le oye muy poco.

Hábitat: en bosques húmedos de caducifolias y mixtos abiertos, poblados de hierba; en llanuras, así como en zonas de montaña hasta el límite arbóreo; parte de ellos invernan en el área mediterránea.

Alimentación: gusanos, insectos, larvas, arañas, ciempiés y otros animales que puede capturar en el suelo del bosque con el pico ①.

Nidificación: hace el nido en un hoyo del suelo cubierto con follaje; 2-5 huevos de color lechoso con punteado castaño óxido; los polluelos son nidífugos.

Característico

Si se la ahuyenta, la chocha perdiz vuela con sonoros aleteos, raramente zigzagueantes, casi a ras del suelo dejando ver su obispillo castaño rojizo ③.

Agachadiza común

Gallinago gallinago

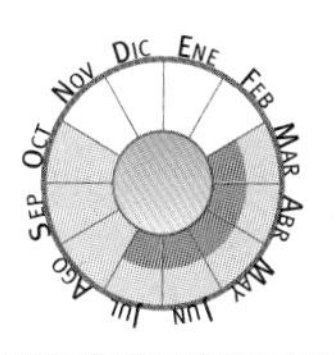

Características: limícola de unos 27 cm con el pico largo y recto ①; presenta el dorso jaspeado marrón con unas largas rayas blancas y un marcado estriado claro-oscuro en la cabeza, tiene un festón blanco en la cola ②.

Voz: el reclamo del cortejo es monótono, recuerda las manillas de un reloj, algo así como "tic tic tic".

Hábitat: en pantanos, limos y humedales a orillas de ríos y lagos. Aunque es la especie de becada más frecuente, por su forma de vida oculta difícilmente se deja ver; migratoria de corta distancia.

Alimentación: gusanos, caracoles, pequeños cangrejos, insectos y sus larvas.

Nidificación: pone 3-5 huevos castaño oliva con manchas oscuras en un hoyo del suelo entre la espesura de la vegetación. Los polluelos son nidífugos.

Especie semejante: la becada enana *(Lymnocryptes minimus)* de talla menor ④ tiene el pico más corto ③ y un amplio rayado amarillo en el lomo.

Característico

En caso de peligro, la agachadiza permanece agachada e inmóvil en el suelo. Sólo en el último momento emprende un vuelo alto y largo en zigzag emitiendo un caracteristico "etch etch".

Archibebe común

Tringa totanus

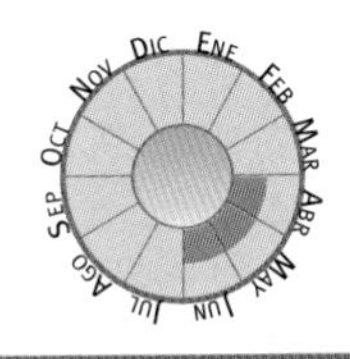

CARACTERÍSTICAS: esbelta, con las patas largas rojo luminoso y la base del pico también roja; plumaje marrón grisáceo, con un jaspeado más intenso y oscuro en verano ① que en plumaje invernal ③.
VOZ: una característica llamada de dos o tres sílabas, un melódico "yi-i-i", y en caso de alarma un estridente "yip-yip".
HÁBITAT: en praderas pantanosas, marismas y brezales húmedos; fuera de la época de cría, en costas someras.
ALIMENTACIÓN: insectos, larvas y lombrices de tierra que captura en el lodo ④; también renacuajos y pequeñas ranas.
NIDIFICACIÓN: hace el nido en el suelo, oculto entre la densa vegetación; pone 3-5 huevos marrones con manchas negras. Ambos padres crían a los polluelos que son nidífugos.

CARACTERÍSTICO

En vuelo son visibles los amplios bordes blancos de las alas, así como su obispillo ②.

Combatiente

Philomachus pugnax

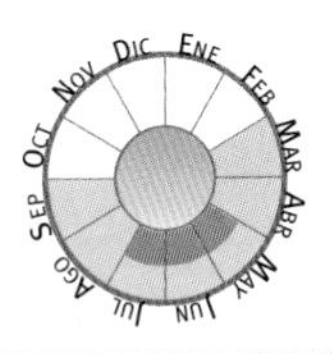

CARACTERÍSTICAS: el macho mide unos 30 cm; en plumaje nupcial con la faz desnuda y amarilla, presenta un grueso collar y un moñete en colores que van del blanco ③ al negro pasando por el rojo óxido ①; la coloración arena de la hembra, de sólo 20-25 cm, es poco distintiva ②.
VOZ: en vuelo, gritos como "cri" o "gue" ocasionales, por lo demás casi siempre silenciosa.
HÁBITAT: en humedales, pantanos, landas y zonas de dunas; parte de ellos invernantes en las costas occidentales y meridionales europeas, parte en África meridional o Asia meridional.
ALIMENTACIÓN: insectos, gusanos y caracoles.
NIDIFICACIÓN: hace el nido en el suelo, bien escondido en la vegetación; casi siempre 4 huevos con un intenso jaspeado marrón oscuro. Los polluelos son nidífugos.
CURIOSIDADES: a partir de finales de marzo los machos se reúnen en lugares tradicionalmente de cortejo, donde intentan seducir a la hembra ④ mediante peleas en las que exhiben su pomposo plumaje.

CARACTERÍSTICO

A partir de junio los machos vuelven a perder su vistoso collar. En plumaje invernal se parecen a la hembra ②.

1
2
3
4
1
2
3
4

Zampullín chico

Tachybaptus ruficollis

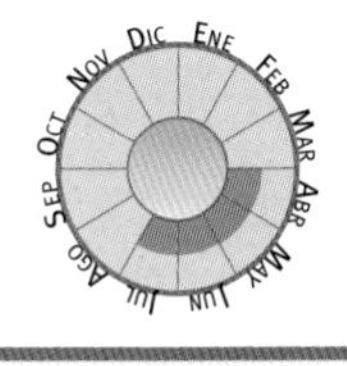

CARACTERÍSTICAS: mide fácilmente 25 cm, de aspecto redondeado; en verano presenta una coloración castaño oscura hasta negra por arriba, con las mejillas, la garganta y la zona delantera del cuello marrón rojizo intenso ①, tiene una mancha amarilla y luminosa en la comisura del pico ③; el plumaje invernal es marrón grisáceo poco distintivo.

VOZ: el reclamo de contacto consiste en un diáfano y silbante "vitt vitt" o un agudo "bi-ib"; en época de cortejo emiten un vibrante y prolongado gorjeo muchas veces a dúo entre el macho y la hembra.

HÁBITAT: en verano en estanques con mucha vegetación, en ríos de escasa corriente y en zonas desecadas de los lagos; en invierno a menudo en superficies de agua abiertas de ríos y lagos, e incluso en núcleos urbanos.

ALIMENTACIÓN: insectos acuáticos, caracoles, pequeños cangrejos y renacuajos que suele capturar buceando.

NIDIFICACIÓN: hace el nido en el agua (pág. 21) entre la espesa vegetación; 2 puestas anuales, en ocasiones 3, con 4-6 huevos blancos en cada una; los polluelos son nidífugos.

CARACTERÍSTICO

Cuando el zampullín chico está nervioso, se sumerge en el agua, a menudo hasta el cuello ④.

Rascón

Rallus aquaticus

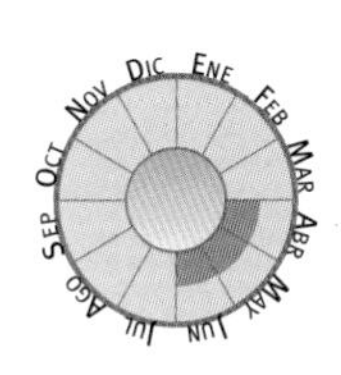

CARACTERÍSTICAS: mide entre 22-28 cm; a ambos lados de la cabeza, la garganta, el pecho y el abdomen es de color gris pizarra uniforme, con una banda blanquinegra en los flancos ①, por debajo de la cola es blanco crema ②, el pico y los ojos rojos; el primer año los polluelos ④ aún no son grises, y tienen el pico y los ojos marrones.

VOZ: son aves muy parlanchinas, con frecuencia emiten un grito de contacto social, asimismo sus llamadas recuerdan tenues gruñidos, quejidos, gemidos o murmullos. En las noches de primavera los reclamos de cortejo del macho suenan como un martilleante "tic tic tic tic".

HÁBITAT: solitario; en juncales de ríos y lagos, así como en las orillas de estanques de densa vegetación y en las riberas de los embalses; invernante en Europa meridional.

ALIMENTACIÓN: insectos acuáticos, larvas, renacuajos, gusanos y caracoles.

NIDIFICACIÓN: anida en la densa vegetación de la orilla; pone 6-10 huevos castaños moteados.

CARACTERÍSTICO

En caso de alarma, los rascones suelen huir andando. No obstante, cuando recurren a las alas para recorrer una corta distancia, su atolondrado aleteo con las patas colgando resulta algo torpe ③.

Polla de agua

Gallinula chloropus

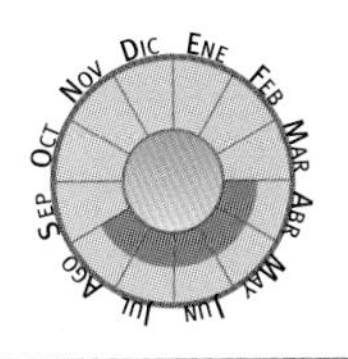

CARACTERÍSTICAS: de unos 35 cm; pico rojo con el extremo amarillo y una protuberancia roja en la frente; su plumaje es negro y marrón oliva oscuro ①, la parte baja de la cola es blanca como la nieve ②, las patas verde amarillento con dedos largos ③; el plumón de los polluelos es negro con un dibujo azul y rojo en la cabeza; el plumaje juvenil es marrón ④.
VOZ: emite unos agudos reclamos como "kirr" o "kirrek" y en época nupcial un "kreck kreck" prolongado sobre todo por la noche.
HÁBITAT: en lagos, estanques y ríos de escasa corriente con una abundante vegetación en sus orillas, en estanques situados en pueblos, parques e incluso en ciudades; excepto en zonas de alta montaña, frecuente en todas partes.
ALIMENTACIÓN: plantas acuáticas, semillas, frutos, insectos, gusanos y caracoles.
NIDIFICACIÓN: nido de cañas, bien oculto en la vegetación de la orilla; 1-3 puestas anuales con 5-10 huevos blanco crema con puntos marrón oscuro, en cada una.

CARACTERÍSTICO

Las pollas de agua nadan inclinando la cabeza, mostrando la parte interior blanca de la cola ② con sus frecuentes respingos.

Focha

Fulica atra

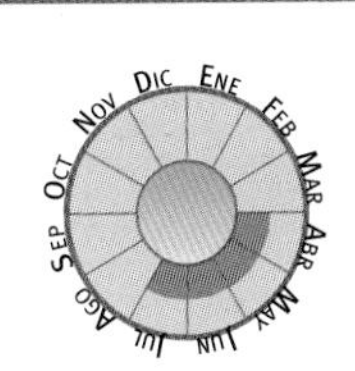

CARACTERÍSTICAS: ave acuática de unos 37 cm, de aspecto redondeado con el plumaje negro ① y una protuberancia blanca en la frente que se prolonga sobre el pico igualmente blanco ②; el polluelo presenta un plumón rojo y amarillento en la cabeza ③; el plumaje juvenil es marrón grisáceo con la faz y el cuello blanquecino ④.
VOZ: las hembras emiten un fuerte "kauh" a modo de gañido y los machos un breve y sonoro "pichs" o un "pt" sordo, muy parecido al ruido de una botella de champán al abrirla.
HÁBITAT: en lagos, embalses, aguas estancadas y ríos con escasa corriente, así como en charcas, parques con estanques incluso en la ciudad; muy frecuente.
ALIMENTACIÓN: omnívoras, las fochas se alimentan de plantas acuáticas, juncos tiernos, hierba, animalillos como insectos y caracoles; en zonas urbanas también de pan y desperdicios.
NIDIFICACIÓN: hace un nido grande y plano con juncos, casi siempre en aguas poco profundas y al abrigo de la vegetación de la orilla; 5-10 huevos punteados marrón rojizo hasta negro.

CARACTERÍSTICO

Cuando se elevan ruidosamente de la superficie del agua, las fochas aletean y chapotean con las patas para darse impulso.

1
2
3
4
1
2
3
4

Charrán común

Sterna hirundo

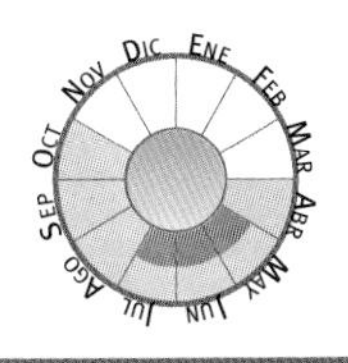

Características: mide 31-35 cm, esbelto con la cola marcadamente bifurcada y las alas finas ②; tiene el pico rojo con el extremo negro; en plumaje nupcial desarrolla un capirote negro ①, en invierno únicamente la parte posterior de la cabeza es negra ③.
Voz: un estridente "kieríu" con modulación descendente o un fuerte "kit kit kirr", en caso de alarma también emite un rápido "kerrik-kerrik-kerrik".
Hábitat: ave nidificante frecuente en costas marinas llanas, aunque también se reproduce en el interior, junto a grandes lagos y ríos; invernante África occidental.
Alimentación: peces pequeños, moluscos, renacuajos e insectos acuáticos.
Nidificación: hace un hoyo en las dunas, en bancos de arena o grava; pone 2-3 huevos entre beige arena y verde oliva con manchas marrones.
Especie semejante: el charrán ártico *(Sterna paradisaea)* que sólo vive en la costa ④ tiene el pico rojo, sin el extremo negro.

Característico
Cuando va en busca de comida, el charrán común vuela a ras de la superficie del agua. Si descubre una presa se lanza en el agua como una flecha.

Perdiz pardilla

Perdix perdix

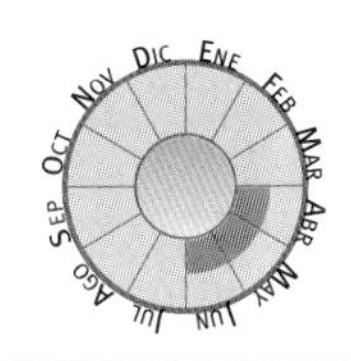

Características: mide unos 30 cm, gallinácea rechoncha, de cola corta con la faz rojo teja ①; por abajo, el macho (a la derecha en la fotografía) de color gris presenta una mancha abdominal marrón negruzca, ausente o poco marcada en la hembra ③; los polluelos son marrones con un fino rallado claro ④.
Voz: las perdices emiten un fuerte "kirr kirr" o "girr girr". El reclamo territorial del macho es un chirrido como "girreck".
Hábitat: en parcelas de cultivo de secano bien delimitadas por setos y matorrales. Con la intensificación de los cultivos, actualmente no sólo han desaparecido estos paisajes, sino que, además, la colonia de perdices se ha reducido considerablemente.
Alimentación: gramíneas, tréboles, hierbas silvestres y semillas, así como insectos.
Nidificación: utiliza como nido un hoyo en el suelo oculto entre la vegetación que cubre ligeramente con hierba y hojas; 10-20 huevos, ocasionalmente hasta 24, de color marrón oliva; los polluelos son nidífugos y los cuida la pareja.

Característico
Cuando la perdiz pardilla echa a volar quedan a la vista las plumas timoneras de los flancos de color rojo óxido ②.

1

2

3

4

1

2

3

4

Pito cano

Picus canus

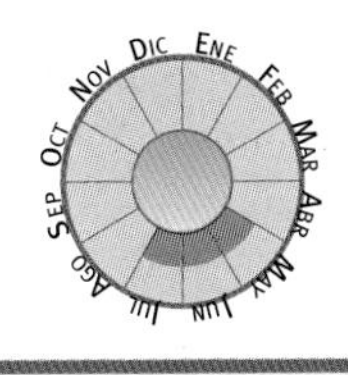

Características: carpintero de unos 32 cm; tiene la cabeza y el cuello gris, el plumaje restante verde musgo y el obispillo amarillo ②; el macho ① con una luminosa mancha roja en la frente, ausente en la hembra ③.
Voz: en primavera una serie descendente de suaves tonos silbantes como "gigigigi-gi-gi-gi gi gi"; excepto en la época nidificante es poco dado a los reclamos.
Hábitat: ave nidificante que aparece con regularidad por zonas, aunque se ha vuelto poco frecuente desde los Alpes hasta el límite sur de la llanura del norte de Alemania; en bosques de caducifolias y mixtos, en parques, jardines con frutales y cementerios.
Alimentación: sobre todo pupas de hormigas, hormigas e insectos, además de semillas, bayas y otras frutas; busca comida especialmente en el suelo.
Nidificación: suele hacer el nido en el tronco de árboles caducifolios ④, ya sea perforándola por sí mismo o bien ocupando aquéllos abandonados por pitos reales; pone 7-9 huevos blancos.

Característico

Para marcar el territorio el pito cano martillea a intervalos de unos 2 segundos con una frecuencia regular.

Pito real

Picus viridis

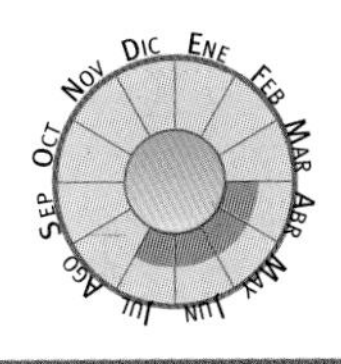

Características: carpintero que mide fácilmente 25 cm, de color verde musgo con un antifaz negro en los ojos y un capirote rojo luminoso ②; la hembra presenta una bigotera negra ①, que en el macho ② adquiere un núcleo rojo; el obispillo es amarillo; en plumaje juvenil con bandas transversales oscuras por abajo y un jaspeado blanquecino por arriba ③.
Voz: tanto el macho como la hembra emiten una risa persistente y penetrante como "kaiü-kaiü" para marcar el terreno; martillean muy pocas veces.
Hábitat: en bosques caducifolios y mixtos, matorrales, jardines con frutales, avenidas, parques y jardines con árboles añosos.
Alimentación: preferentemente hormigas y pupas que extraen del hormiguero con su lengua larga y adherente; igualmente otros insectos como gusanos, caracoles y frutas.
Nidificación: el nido es una cavidad que perfora él mismo, o bien se la apropia; 5-8 huevos blancos.

Característico

Los nidos del pito real poseen una entrada inclinada de forma redondeada hasta oval para deslizarse en el interior. Casi siempre se localizan en la parte baja de troncos añosos o en árboles caducifolios enfermos ④.

1
2
3
4
1
2
3
4

Zorzal real

Turdus pilaris

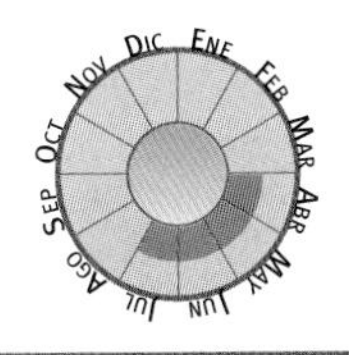

Características: mide fácilmente 25 cm; tiene la cabeza y el obispillo gris claro, el dorso castaño rojizo, la cola negra ②, en los flancos presenta un dibujo característico en forma de flecha ③.
Voz: en vuelo el zorzal real emite un fuerte "chac-chac" y en caso de que sienta peligrar el nido un rasposo "trrtrrtrr". El canto suena como un gorjeo oprimido.
Hábitat: en arbustos y en los linderos de los bosques, en parques y en jardines poblados de árboles.
Alimentación: gusanos, caracoles, insectos y también bayas ④ y frutas.
Nidificación: anida en colonias en los árboles ①; casi siempre se reproduce 2 veces al año con 4-6 huevos verde azulados con dibujos rojizos.

Característico

En vuelo, al igual que el zorzal charlo, el zorzal real resulta llamativo por el área blanca en la parte inferior de las alas. Sin embargo, ambas especies se distinguen en la cola.

Zorzal charlo

Turdus viscicorus

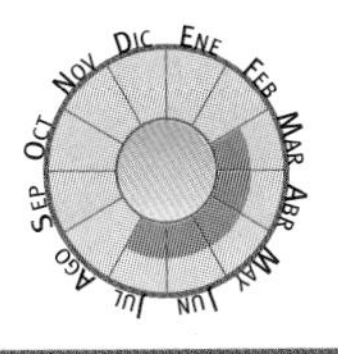

Características: mide unos 27 cm; tiene el lomo marrón grisáceo, por abajo es blanco crema hasta amarillo ocre claro, con intensas manchas negras ①; cola marrón con aristas blancas ③.
Voz: en vuelo emite un estridente reclamo como "trrrrr"; el canto consiste en estrofas cortas aflautadas, interrumpidas por largas pausas, y no pocas veces se oye cuando hace mal tiempo, como una tenue lluvia, mientras otros pájaros callan.
Hábitat: en bosques poco poblados, sobre todo en bosques de coníferas, así como en jardines y grandes parques. La mayoría migra desde los países centroeuropeos hacia Europa occidental y meridional para pasar el invierno, aunque siempre hay algunas sedentarias. Es frecuente observarlos en las copas de los árboles con ramas de muérdago.
Alimentación: gusanos, caracoles e insectos, también bayas; busca comida preferentemente en praderas abiertas ④.
Nidificación: hace un nido sólido con arcilla en la parte alta de los árboles; habitualmente 2 puestas anuales con 4-6 huevos azulados y manchas rojizas.

Característico

Durante el vuelo se reconoce una parte blanca en la parte inferior de las alas ②. El vuelo del zorzal charlo es marcadamente ondulado.

1
2
3
4
1
2
3
4

Tórtola turca

Streptopelia decaocto

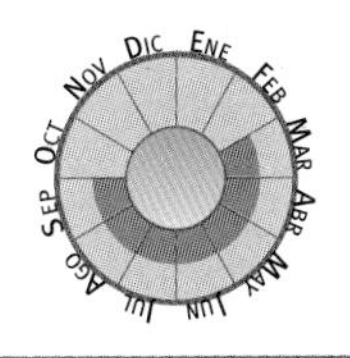

CARACTERÍSTICAS: la tórtola turca, de unos 32 cm, es sólo un poco más pequeña que la paloma doméstica (pág. 126), aunque más esbelta y con la cola más larga ①. Su plumaje marrón beige está adornado con un fino collar negro, abierto en la garganta ②.

VOZ: en vuelo suele emitir un "xee xee" nasal; el canto territorial del macho es un monótono "gu-guu-gu gu-gu-gu" fuertemente acentuado en la sílaba central.

HÁBITAT: aunque es originaria de las estepas de Asia meridional, desde 1930 se ha extendido por Europa central; considerada urbanícola de los cultivos, vive casi únicamente en pueblos y ciudades.

ALIMENTACIÓN: semillas, partes verdes de las plantas y brotes, también gramíneas, frutos o pan.

NIDIFICACIÓN: hace un nido plano con ramas secas y raíces, casi siempre en la horquilla de una rama; 2 puestas al año con 2 huevos generalmente blancos.

CARACTERÍSTICO

A diferencia de la tórtola común, la parte baja de las alas es blanquecina y no gris azulada ④. Con el plumaje juvenil, los polluelos se ven más grises que los adultos y aún no tienen collar ③.

Tórtola común

Streptopelia turtur

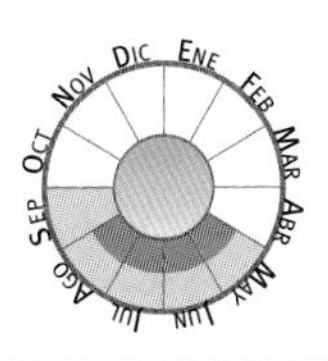

CARACTERÍSTICAS: mide sólo 26-28 cm; por arriba es marrón óxido en contraste con el vistoso dibujo negro de las plumas centrales ①; a ambos lados del cuello presenta una llamativa mancha blanquinegra ③; el plumaje juvenil ④ de los polluelos carece de las plumas centrales negras.

VOZ: el canto territorial del macho consiste en un monótono zumbido como "tirrr-tirrr-tirrrr".

HÁBITAT: ampliamente extendida en los países mediterráneos y frecuente. Vive en los linderos de los bosques, en bosques de ribera, matorrales y campos de frutales, a veces también en parques y jardines con árboles caducifolios; invernante en África subsahariana.

ALIMENTACIÓN: semillas de hierbas, gramíneas y semillas de coníferas.

NIDIFICACIÓN: hace un nido plano de ramas secas, generalmente a poca altura en un árbol o en un arbusto; casi siempre 2 puestas anuales, con 2 huevos cada vez; como todas las palomas, la incubación y la cría a cargo de la pareja.

CARACTERÍSTICO

El rápido vuelo de la tórtola común es impetuoso y brusco. Su cola en forma de abanico, muestra, vista desde abajo, un remate blanco mucho más fino ② que el de la tórtola turca.

1
2
3
4
1
2
3
4

Paloma bravía doméstica

Columba livia f. domestica

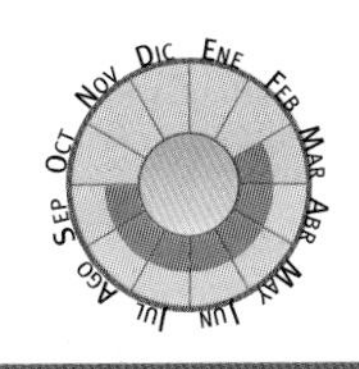

CARACTERÍSTICAS: mide unos 33 cm; descendiente de las palomas domésticas salvajes; de color y dibujo muy variable, desde el negro hasta casi blanco, pasando por el marrón óxido, aunque en su mayor parte "gris paloma" con un brillo verdoso o púrpura en el cuello ① y dos franjas negras en las alas ②; ojos naranja.
VOZ: emite un arrullo sonoro como "gruuúhgruuúh".
HÁBITAT: en casi todas las ciudades de Europa, aunque sobre todo en las grandes urbes, generalmente en gran número; no sólo en parques e instalaciones, sino también en plazas de mercados y en centros urbanos con mucho tráfico.
ALIMENTACIÓN: semillas, cereales, brotes, yemas, hojas, pan y desperdicios.
NIDIFICACIÓN: a menudo hace el nido en las cornisas o balcones de los edificios, en huecos de muros o bajo los puentes; 3-4 puestas al año con 2 huevos blancos en cada una.
ESPECIE SEMEJANTE la paloma zurita *(Columba oenas)* ④ presenta la franja de las alas mucho menos marcada y los ojos oscuros ③ en lugar de anaranjados.

CARACTERÍSTICO

La mayoría de las palomas domésticas tienen el obispillo blanco o gris claro.

Grajilla

Corvus monedula

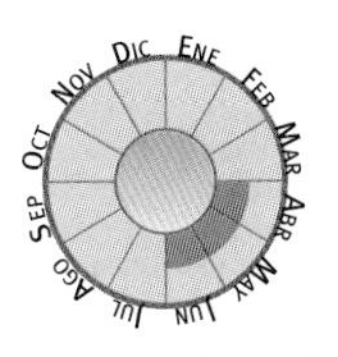

CARACTERÍSTICAS: pariente de la corneja de sólo unos 33 cm; casi completamente negra con la nuca gris ①; pico negro, iris de los ojos gris blancuzco ②; al principio el polluelo es marrón pálido ④; después negro sin la capucha gris, pero ya con los ojos gris claro ③.
VOZ: como reclamo emite un "kía" repetido y estridente, en caso de peligro un fuerte "yip"; el canto consiste en un parloteo con modulaciones a modo de maullidos y chasquidos pocas veces perceptible.
HÁBITAT: en bosques poco poblados de árboles caducifolios, parques con cavidades de carpinteros, también en las cercanías de viejas iglesias, castillos y ruinas.
ALIMENTACIÓN: gusanos, caracoles, insectos, frutos, semillas, ocasionalmente ratones y polluelos, como omnívoros come también toneladas de desperdicios.
NIDIFICACIÓN: estos pájaros sociales anidan en colonias más o menos grandes. Hacen un nido de ramitas secas en las cavidades de los árboles, grietas de las rocas o huecos en los muros, también en cajas nido; 4-6 huevos azul claro con manchas negruzcas.

CARACTERÍSTICO

Incluso desde lejos, las grajillas se distinguen bien de las grajas (pág. 140) por el tupido plumaje gris de la nuca, que tan bien se marca en invierno.

1
2
3
4
1
2
3
4

Arrendajo común

Garrulus glandarius

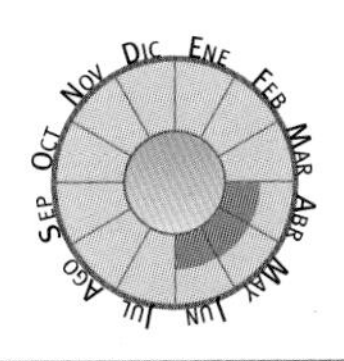

CARACTERÍSTICAS: la característica más llamativa de este pájaro cantor de unos 34 cm y de color marrón rojizo claro, son las bandas azul claro y negras de sus plumas coberteras ①. A ambos lados del pico posee unos bigotes negros ③.
VOZ: en caso de alarma emite un fuerte y áspero "sch-rreh"; el canto se compone de un parloteo de sonidos chasqueantes y maullantes.
HÁBITAT: el arrendajo común es un habitante característico de los bosques de árboles caducifolios y mixtos, aunque vive también en parques y en grandes jardines con árboles añosos. Frecuente todo el año en Europa central.

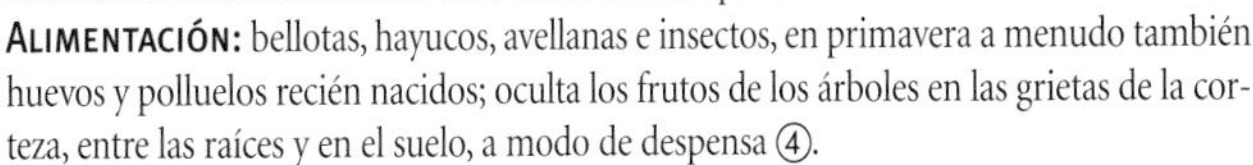
ALIMENTACIÓN: bellotas, hayucos, avellanas e insectos, en primavera a menudo también huevos y polluelos recién nacidos; oculta los frutos de los árboles en las grietas de la corteza, entre las raíces y en el suelo, a modo de despensa ④.
NIDIFICACIÓN: hace un nido de ramitas secas en la espesura de los árboles o en grandes arbustos; 4-6 huevos verde azulados hasta marrón oliva, con manchas marrones.

CARACTERÍSTICO

Un arrendajo en vuelo llama la atención por su obispillo blanco como la nieve, así como por las celdillas blancas de sus alas ②.

Cascanueces

Nucifraga caryocatactes

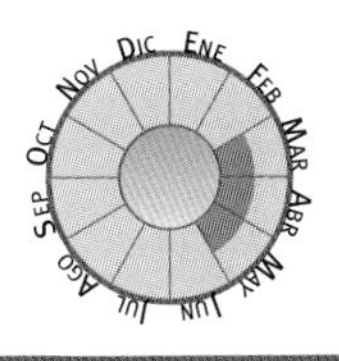

CARACTERÍSTICAS: mide unos 32 cm; tiene un pico relativamente largo y un casquete marrón oscuro ②; su plumaje es marrón chocolate con un moteado blanco perlado ③; alas y cola negra ①, rematada con plumas blancas ④.
VOZ: emite un reclamo ronco y estridente como "grrerr-grrerr"; el canto se compone de un suave parloteo con algunas imitaciones de otros pájaros que se oye pocas veces.
HÁBITAT: en bosques de coníferas y mixtos de media montaña y los Alpes, sobre todo en bosques poblados de cembros.

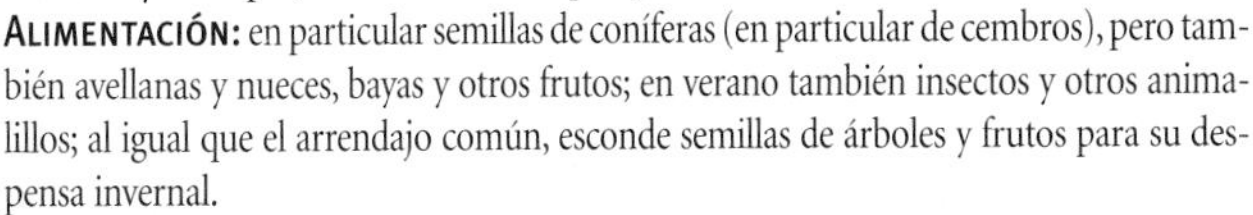
ALIMENTACIÓN: en particular semillas de coníferas (en particular de cembros), pero también avellanas y nueces, bayas y otros frutos; en verano también insectos y otros animalillos; al igual que el arrendajo común, esconde semillas de árboles y frutos para su despensa invernal.
NIDIFICACIÓN: nido sólido en forma de cuenco, casi siempre en alto y cercano al tronco de una conífera; 3-4 huevos azul turquesa con puntos grises o marrones.

CARACTERÍSTICO

Desde lejos el cascanueces parece más bien gris. Le gusta posarse en las ramas exteriores de las coníferas.

1
2
3
4
1
2
3
4

Alcotán europeo

Falco subbuteo

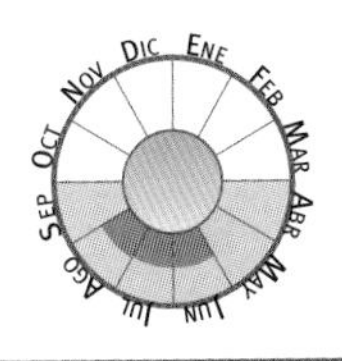

CARACTERÍSTICO
El rico contraste blanquinegro de la faz ③ del alcotán llama la atención desde lejos.

CARACTERÍSTICAS: el macho mide unos 28 cm y la hembra 35 cm; esbelto, con alas estilizadas y largas ②; por arriba ambos sexos presentan una coloración oscura gris pizarra y con intensas manchas blancas por abajo ①; los característicos "calzones" y la cloaca son castaño claro, ausentes aún en los polluelos.
VOZ: durante la época nidificante a menudo emite un prolongado y rápido "gje gje gje".
HÁBITAT: aunque extendido en algunas regiones de los países mediterráneos, es muy poco frecuente; caza en parajes abiertos, sobre todo en praderas y pantanos; invernante en África.
ALIMENTACIÓN: los alcotanes capturan casi exclusivamente pajarillos e insectos voladores. Por encima de todo es un cazador aéreo ágil y rápido.
NIDIFICACIÓN: los alcotanes ponen 2-4 huevos con intensas manchas castaño rojizas en nidos abandonados de cornejas, urracas u otras aves.

Cernícalo vulgar

Falco tinnunculus

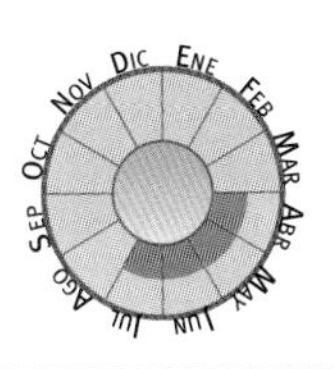

CARACTERÍSTICO
Se suele ver a los cernícalos parados en el aire (se cierne) ②, a la búsqueda de presas en el suelo.

CARACTERÍSTICAS: el macho mide 33 cm y la hembra 39 cm; las alas son largas y delgadas, comparativamente la cola es más larga con el remate negro; el macho ④ tiene la cabeza gris claro y la cola y el lomo rojo teja; la hembra ① y los polluelos ③ son castaño rojizo con un vivo dibujo estriado y jaspeado.
VOZ: el reclamo del cernícalo se oye con frecuencia, se trata de un diáfano "kikikiki" o un gemido como "griiih" en el territorio nidificante.
HÁBITAT: extendido desde la costa hasta las zonas de alta montaña; anida en los arbustos, así como en las paredes rocosas alpinas, en pedregales o en campanarios, evita únicamente los bosques cerrados; vuelos de caza siempre en parajes abiertos.
ALIMENTACIÓN: sobre todo ratones, también lagartos, pajarillos e insectos grandes.
NIDIFICACIÓN: como los demás cernícalos, no construye un nido propio, sino que pone 4-6 huevos amarillentos y blancos con intensas motas rojizas en las cavidades de las rocas, huecos de muros o nidos de cornejas abandonados.

1
2
3
4
1
2
3
4

Halcón peregrino

Falco peregrinus

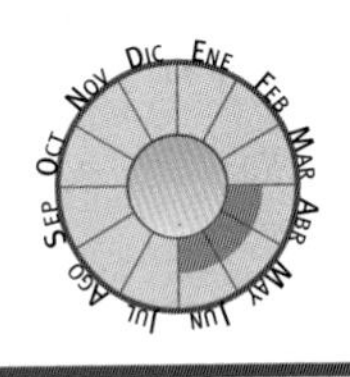

CARACTERÍSTICAS: el macho mide unos 35 cm y la hembra hasta 50 cm; por arriba es gris pizarra, y por abajo presenta una coloración clara con un moderado dibujo transversal ①; en la faz tiene una amplia "mancha" negra ④; los pies amarillos ③; los polluelos son castaño gris oscuro, por abajo beige con largas hileras moteadas ②.

VOZ: en el lugar nidificante emite un lastimero "gueeeei" "gueeeei", en caso de alarma un agudo "kozick kozick kozick".

HÁBITAT: extendido casi en todo el mundo, aunque en Europa central se ha vuelto muy escaso; anida en paredes rocosas, en valles fluviales de las montañas y en costas escarpadas; caza en parajes abiertos.

CARACTERÍSTICO

Un rasgo característico del halcón peregrino es su conducta durante la caza. En un picado espectacular suele descender varios cientos de metros para abalanzarse sobre la presa.

ALIMENTACIÓN: casi exclusivamente aves que captura en el aire.

NIDIFICACIÓN: no construye nido; 3-5 huevos con intensas motas marrones que pone en los huecos de las rocas

Gavilán

Accipiter nisus

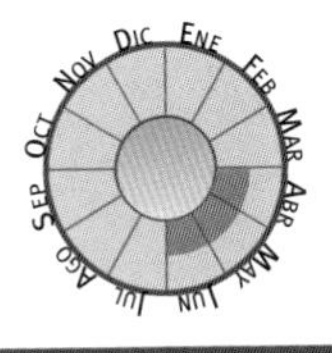

CARACTERÍSTICAS: el macho mide 28 cm y la hembra hasta 38 cm; ésta ③ tiene una coloración clara por abajo, mientras que el macho ① presenta unas bandas oscuras rojo óxido muy juntas; en plumaje juvenil ④ con un dibujo difuminado rojo óxido.

VOZ: durante el vuelo nupcial en forma de guirlanda emite unos reclamos suaves y ascendentes como "gji gji", en caso de alarma en la zona del nido y como llamada de contacto entre la pareja nidificante lanza una larga serie de sonidos como "gigigigi".

HÁBITAT: aunque extendido en Europa central, sólo frecuente según las comarcas; vive en bosques de coníferas o mixtos en alternancia con parajes abiertos, setos y arbustos bajos.

CARACTERÍSTICO

El rasgo característico del gavilán en vuelo es la silueta de sus cortas alas redondeadas y la cola delgada y recta que apenas mueve en el aire ②.

ALIMENTACIÓN: en más de un 90%, pájaros que suele cazar en vuelo, ocasionalmente también ratones o murciélagos.

NIDIFICACIÓN: nido en forma de copa en altas coníferas y cerca del tronco; 5-7 huevos con manchas marrones (pág. 23); el macho realiza el trabajo principal durante la cría de los polluelos.

1
2
3
4
1
2
3
4

Lechuza común

Tyto alba

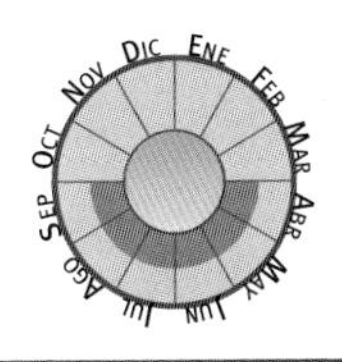

CARACTERÍSTICAS: mide 33-39 cm, de plumaje muy claro con discos faciales en forma de corazón; por arriba es castaño dorado, mezclado con gris ②, el pecho y el abdomen presentan una coloración muy distinta según la raza, desde blanco ① hasta castaño dorado ③ pasando por los colores arena; como en todas las estrigiformes, el plumaje juvenil es lanoso ④.

VOZ: durante la época de reproducción emite unos sonidos silbantes y estridentes; el "canto" del macho es como un bufido ronco y vibrante.

HÁBITAT: sobre todo en áreas pobladas con escasos bosques, en las afueras de los pueblos.

ALIMENTACIÓN: sobre todo murciélagos, además de otros pequeños mamíferos, pajarillos, ranas y grandes insectos.

NIDIFICACIÓN: en huecos de los tejados, campanarios, graneros y otras edificaciones; 1-3 puestas anuales con 2-10 huevos blancos. El macho alimenta a la hembra mientras incuba y posteriormente también a los polluelos.

CARACTERÍSTICO

En el lugar donde se reproducen las lechuzas a menudo se oyen los fuertes reclamos roncos de la hembra y los polluelos.

Lechuza campestre

Asio flammeus

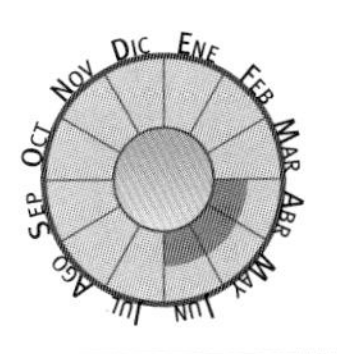

CARACTERÍSTICAS: intensamente moteada con ojos amarillos que mide 34-42 cm ① y pequeñas orejas plumadas que alza sólo en caso de alarma ②, cuando no es así permanecen ocultas en el plumaje de la cabeza; en vuelo presenta plumas amarillas ④ en las remeras secundarias, y el borde posterior de las alas blancas.

VOZ: los machos emiten un gañido como "guek-guek-guek", las hembras "guarrr"; el canto del macho consiste en un "bu bu bu bu" de 8-12 sílabas en modulación ligeramente ascendente.

HÁBITAT: como espacio vital necesita paisajes pantanosos abiertos y ciénagas con amplias praderas húmedas.

ALIMENTACIÓN: sobre todo campañoles, así como pequeños animalillos.

NIDIFICACIÓN: utiliza como nido un hoyo en el suelo entre la densa vegetación, que cubre con unas pocas cañas; 1-2 puestas anuales con 4-8 huevos blancos.

CARACTERÍSTICO

Sus ojos amarillos resaltan más si cabe gracias a que están enmarcados por un borde negro. Con el plumaje intermedio de los polluelos ③ completamente beige, su peculiar antifaz ocular ya es bien visible.

Búho chico

Asio otus

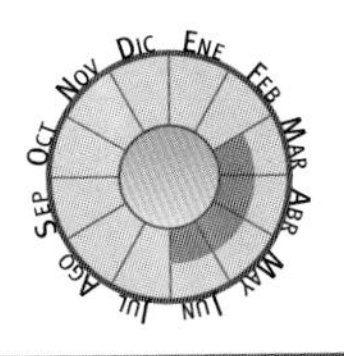

CARACTERÍSTICAS: búho que mide 35-37 cm con ojos amarillos y largas orejas cubiertas de plumas ① pegadas a la cabeza cuando el animal está tranquilo ②; su plumaje mimético del color de la corteza es su mejor camuflaje cuando reposa en los árboles, en la proximidad del tronco ④.
VOZ: el canto territorial de esta ave de actividad crepuscular y nocturna consiste en una serie de reclamos suaves y monótonos como "hu".
HÁBITAT: en parajes abiertos con pequeñas arboledas, arbustos silvestres y bosques despejados, en invierno ocasionalmente también en parques y jardines; evita el bosque cerrado.
ALIMENTACIÓN: sobre todo ratones, pero en invierno también pajarillos que suele capturar en territorio abierto; en verano además grandes insectos.
NIDIFICACIÓN: 3-8 huevos blancos que pone en nidos abandonados de cornejas, urracas o aves rapaces; sólo incuba la hembra y el macho le trae sus capturas.

CARACTERÍSTICO

En vuelo, el búho chico resulta llamativo por las amplias celdillas amarillo ocre y negras de su plumaje ③. No presenta el borde blanco en la parte posterior de las alas.

Carabo común

Strix aluco

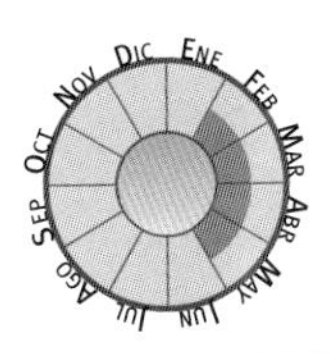

CARACTERÍSTICAS: ave rapaz nocturna de unos 38 cm; el color de su plumaje varía de castaño rojizo ① a gris ③; en las alas presenta unas hileras de manchitas blancas ② y en la cabeza destacan unas decorativas listas claras sobre el plumaje marrón oscuro.
VOZ: el canto territorial del macho consiste en un "guuoh gu gurruuuh" resonante y profundo, que se oye ya en otoño; a menudo se escuchan también fuertes reclamos como "ku witt" sobre todo de las hembras.
HÁBITAT: es la especie estrigiforme más frecuente de Europa central, desde la honda llanura del norte de Alemania hasta los bosques de montaña de los Alpes; vive en bosques caducifolios poco poblados o mixtos, en parques, cementerios y jardines con árboles caducifolios añosos, e incluso en la ciudad.
ALIMENTACIÓN: pequeños mamíferos, sobre todo ratones, pero también muchos pájaros; en escasa medida también ranas y otros animalillos.
NIDIFICACIÓN: preferentemente en las cavidades de los árboles ④, pero también en nidos de cornejas, huecos en rocas y muros, tejados o cajas nidos; 3-5 huevos; incuba la hembra y el macho abastece de alimento a su pareja y a los polluelos.

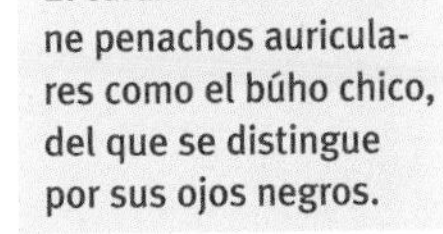

CARACTERÍSTICO

El cárabo común no tiene penachos auriculares como el búho chico, del que se distingue por sus ojos negros.

1
2
3
4
1
2
3
4

Perdiz nival

Lagopus mutus

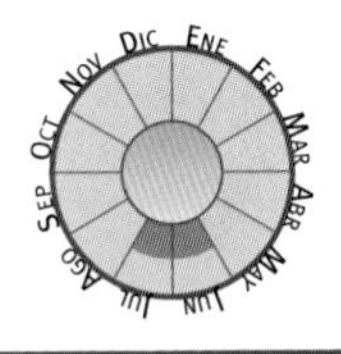

Características: mide unos 35 cm; en invierno tanto el macho como la hembra son blancos como la nieve ④; en verano, presentan el pecho y el lomo con una coloración marmórea entre castaño y marrón negruzco ②; en otoño y primavera adquiere un plumaje más o menos recio ①.

Voz: en llamativos aleteos de cortejo, el macho emite chirriantes y ásperos reclamos combinados con un fuerte batir de alas. Los sonidos de compenetración mutua suenan como "korrr", por parte del macho y "kíe" en la hembra.

Característico

La hembra ③ carece de la "brida" negra que se extiende desde la base del pico hasta el ojo.

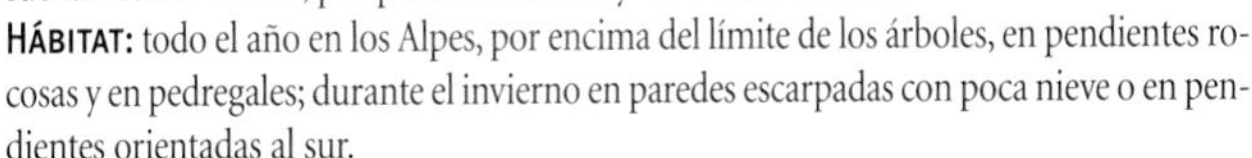

Hábitat: todo el año en los Alpes, por encima del límite de los árboles, en pendientes rocosas y en pedregales; durante el invierno en paredes escarpadas con poca nieve o en pendientes orientadas al sur.

Alimentación: hojas y brotes de hierbas alpinas, bayas e insectos.

Nidificación: hace un nido pobre en un hoyo, bien disimulado en el suelo con arbustos bajos; 4-9 huevos con manchas castaño rojizo hasta negras; los polluelos son nidífilos, la madre los cuida en el nido hasta el otoño.

Pito negro

Dryocopus martius

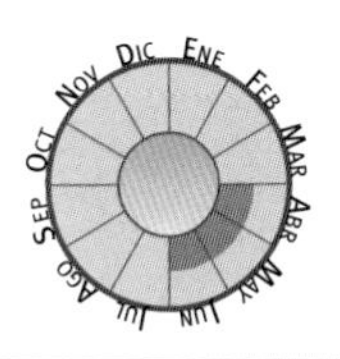

Características: de 45-47 cm, carpintero esbelto, con el plumaje negro carbón ①; el macho presenta un luminoso capirote rojo que se extiende desde el inicio del pico hasta la parte posterior de la cabeza ③, la hembra con una mancha roja mucho más pequeña ④; en vuelo presenta la nuca arqueada ②.

Voz: en vuelo emite un reclamo como "kri-kri-kri-kri" de cuatro sílabas, audible desde lejos, así como un lastimero "klieeeh" al posarse; en primavera lanza un "kgui-kgui kgui" continuado y rápido, así como un martilleante redoble con una frecuencia relativamente lenta.

Característico

Los nidos del pito negro tienen una entrada ovalada y suelen estar situados bajo las primeras ramas del árbol, a unos 6-10 m de altura.

Hábitat: en extensos bosques de coníferas y mixtos con abundante madera vieja, en zonas montañosas hasta el límite arbóreo.

Alimentación: insectos, sobre todo larvas de escarabajos y hormigas grandes que viven en la madera podrida.

Nidificación: perforan por sí mismos la cavidad del nido, preferentemente en troncos de hayas, aunque también en pinos; casi siempre 3-5 huevos blancos.

1
2
3
4
1
2
3
4

Corneja negra

Corvus corone corone

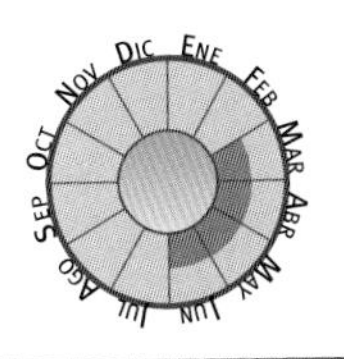

Características: córvido de unos 47 cm, con el plumaje negro y brillante ①; tiene un pico fuerte, plumado en el cúlmen ②.
Voz: emite un sonoro y rasposo "kreh" o "guerr"; su canto es un suave parloteo, aunque poco frecuente.
Hábitat: en Europa occidental, hacia el oeste hasta la línea de Schleswig-Holstein, Alemania oriental, Austria central; en parajes de cultivo abiertos.
Alimentación: insectos, gusanos, caracoles, ratones, ranas, huevos y polluelos, semillas y frutos, carroña y desperdicios.
Nidificación: nido grande muy sólido, casi siempre en lo alto de los árboles; 3-6 huevos azul claro hasta turquesa, con manchas marrones.
Curiosidades: al igual que la corneja negra, la corneja gris *(Corvus corone cornix)*, una subespecie de la corneja común *(Corvus corone)* presenta la nuca, el lomo y la parte inferior gris clara ④. Entre ambas se dan mezclas con pequeñas zonas grises o manchadas ③.

Característico
La corneja se distingue de la graja por la base del pico plumada y el pico grueso y curvado.

Graja

Corvus frugilegus

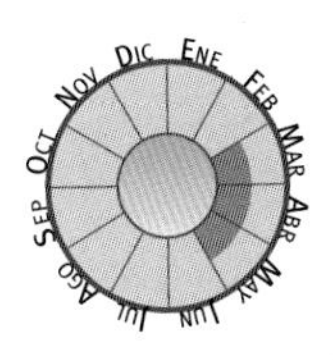

Características: mide unos 47 cm; el plumaje es completamente negro, con un brillo azulado o púrpura ①; la raíz del pico es pelada y blancuzca en los individuos maduros, con aspecto escarioso ③, en el caso de los polluelos es peluda ④; la cola ligeramente cuneiforme en vuelo ②.
Voz: emite un reclamo áspero y profundo como "krah" o "korr; el canto consiste en un parloteo con modulaciones rasposas diáfanas y metálicas.
Hábitat: sobre todo en campiñas; se reproduce en parajes de cultivo abiertos con arbustos aislados; en invierno se encuentra con frecuencia en parques y en ciudades; en Europa central aparecen a menudo gigantescas bandadas de invernantes procedentes del oeste, donde nidifican.
Alimentación: insectos y larvas, gusanos, caracoles, ratones, así como semillas y otras partes de plantas, también desperdicios.
Nidificación: gran nido de ramas secas en colonias, casi siempre alto en los árboles; 3-5 huevos azulados, con manchas en diferentes tonos marrones.

Característico
En invierno las grajas se reúnen al anochecer y reposan juntas para dormir. A primeras horas de la tarde se las ve volar desde todos lados en grandes bandadas con ese fin.

Chova piquigualda

Pyrrhocorax graculus

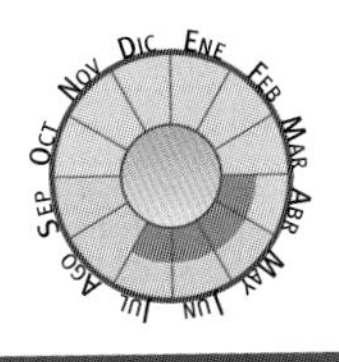

CARACTERÍSTICAS: con 38 cm, presenta un tamaño algo mayor que la grajilla, y también es más esbelta (pág. 126); el plumaje es negro brillante ①, las patas rojas y el pico amarillo, comparativamente corto ④.
VOZ: emite un fuerte y estridente "zjaa" o "txirr" de llamada; como reclamo de contacto intercambian un suave y tenue "priit".
HÁBITAT: en regiones alpinas de más de 3 000 m de altura, aunque en invierno a menudo descienden a los valles.
ALIMENTACIÓN: insectos, gusanos, caracoles, frutos, carroña y desperdicios.
NIDIFICACIÓN: nido grande en forma de cuenco en cavidades o grietas de las rocas, ocasionalmente también bajo los tejados de los edificios; 4-5 huevos blanquecinos con manchas oscuras.
ESPECIE SEMEJANTE: la chova piquirroja *(Pyrrhocorax pyrrhocorax)*, poco frecuente, tiene un pico más largo, fino y rojo en el caso de los individuos maduros ②, mientras que el de los polluelos aún es amarillo.

CARACTERÍSTICO

Es habitual ver un gran número de chovas piquigualdas en las cumbres de las montañas, puertos de alta montaña y estaciones de telesillas donde reciben alimento gustosamente.

Urraca

Pica pica

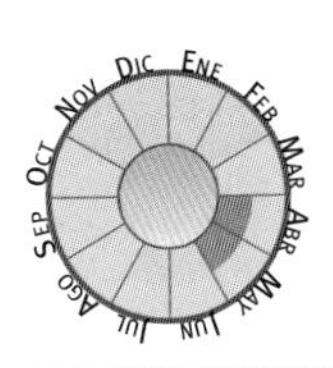

CARACTERÍSTICAS: mide 44-48 cm, con la cola muy larga ①; presenta un plumaje negro y blanco, presenta partes de la cola y de las alas negras con un intenso brillo metalizado, ausente en los polluelos ②, con la cola corta.
VOZ: emite una áspera llamada como "chacchacchac"; el canto del macho es un parloteo contenido y suave.
HÁBITAT: en parajes abiertos con matorrales y setos, en jardines, parques y cementerios con árboles altos, incluso en núcleos urbanos; extendida por toda Europa, muy frecuente en las llanuras; en invierno a menudo se juntan en grandes grupos para dormir.
ALIMENTACIÓN: sobre todo caracoles, gusanos, grandes insectos, huevos y polluelos, además de carroña, frutos, semillas y desperdicios.
NIDIFICACIÓN: nido grande en forma de puchero muy alto y cubierto, casi siempre en las copas de los árboles, sólo se reproduce una vez al año con 5-8 huevos azulados hasta verdosos.

CARACTERÍSTICO

En vuelo, junto a la larga cola de la urraca, llaman la atención las amplias zonas blancas de las alas, su abdomen también blanco ③ y la "V" blanca que presenta en el lomo ④.

1
2
3
4
1
2
3
4

Paloma torcaz

Columba palumbus

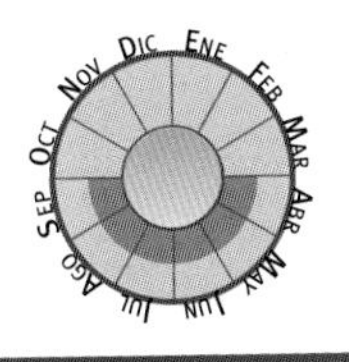

Características: mide fácilmente 40 cm; presenta el plumaje gris, con el cuello y el pecho rojizos ①, así como unas luminosas marcas blancas a ambos lados de la garganta ③, ausentes en los polluelos ② durante su primer año.
Voz: el canto territorial del macho consiste en un ronco arrullo como "ru guu-gu gugu", casi siempre acentuado en la segunda sílaba.
Hábitat: en bosques caducifolios y mixtos rodeados de praderas, campiña y arbustos, también en parques urbanos; muy extendida y frecuente.
Alimentación: semillas, bayas, frutos del tamaño de las bellotas, cereales, las partes tiernas de las plantas, sólo ocasionalmente también insectos y gusanos.
Nidificación: nido plano de ramas secas, casi siempre en la parte alta de los árboles, a veces también en edificios; 2-3 puestas anuales con 2 huevos blancos en cada una.

Característico

La paloma torcaz presenta un remate negro en la cola ④. En vuelo llama la atención el dibujo blanco de las alas.

Gaviota reidora

Larus ridibundus

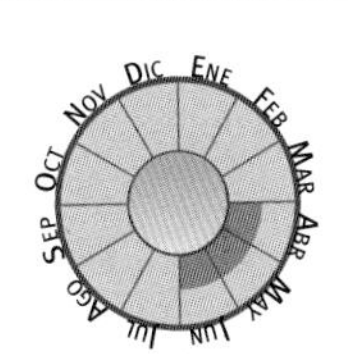

Características: gaviota de 38-44 cm; en plumaje nupcial, presenta una capucha marrón chocolate que deja la nuca al descubierto ①. En invierno, su cabeza es blanca con una mancha oscura en la oreja ④. En plumaje juvenil ③ el lomo y las alas marrones.
Voz: a menudo unos "kwerr" y "krieeh" ásperos, agresivos y sonoros; cuando se pelea por comida lanza un "ke ke ke" diáfano y entrecortado.
Hábitat: la gaviota reidora es la más extendida en Europa, así como la más frecuente en tierras alejadas de la costa; se reproduce en las orillas de los lagos y en islotes lacustres; excepto en época nidificante, vive en aguazales de todo tipo, en invierno también se dejan ver a menudo en ciudades, parques y en vertederos de basuras.
Alimentación: insectos acuáticos, pececillos, gusanos, carroña y desperdicios.
Nidificación: anida casi siempre en grandes colonias sobre una base vegetal o en islotes en el agua; 3-4 huevos, desde castaño óxido a azul pálido pasando por el verde oliva y siempre con manchas oscuras.

Característico

En vuelo, tanto en invierno como en verano la gaviota reidora se reconoce por el borde anterior blanco de sus alas ②.

Gaviota tridáctila

Rissa tridactyla

Características: mide unos 38-40 cm; el lomo y la parte superior de las alas es gris claro uniforme, con los extremos de las alas negras ④, durante la reproducción el plumaje se vuelve blanco, en invierno también es gris alrededor de las orejas y los laterales del cuello; los polluelos ③ presentan una banda negruzca en la nuca y una mancha detrás de los ojos.

Voz: en el lugar donde nidifica emite un "kitigueek" fuerte y estridente, así como un ronco "gueg gueg".

Hábitat: colonias nidificantes en acantilados escarpados de las costas del Atlántico norte y en la isla Helgoland en el Báltico; excepto en la época de reproducción también en mar abierto.

Alimentación: peces, pequeños cangrejos, caracoles de mar y plancton.

Nidificación: anida en colonias, en estrechas cornisas rocosas ① y casi siempre sobre un basamento de tierra y lodo; habitualmente pone 2 huevos oscuros moteados. Durante 7 semanas los padres cuidan constantemente de los recién nacidos para evitar que caigan al vacío desde el nido.

Característico

La gaviota tridáctila se distingue ligeramente de la gaviota argéntea, por sus patas negras ②.

Gaviota cana

Larus canus

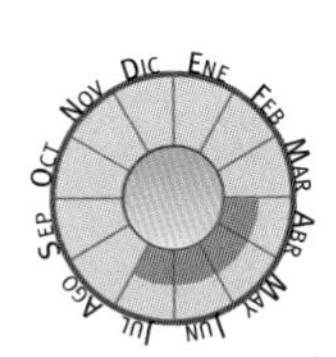

Características: mide 38-44 cm; el lomo y la parte superior de las alas es gris claro y por abajo blanca ①, presenta los extremos de las alas negras con luminosas manchas blancas ②; en invierno con la cabeza ligeramente moteada en gris parduzco y a menudo un anillo oscuro en la cola ④; plumaje juvenil blanco sucio con la parte superior marrón clara.

Voz: emite reclamos fuertes y estridentes como "giji giji", "kjau" o "e-e-eiie".

Hábitat: anida en las costas del norte de Europa, especialmente en el mar Báltico, aunque aislada se encuentra también en tierras del interior; en invierno no es extraño verla en lugares alejados de la costa.

Alimentación: insectos, invertebrados, pececillos, ratones, carroña y desperdicios.

Nidificación: construye el nido sobre una base firme, en las cercanías del agua, ya sea en la vegetación baja o en un peñasco desnudo; se reproduce en la costa, siempre en colonias, en el interior también aislada; casi siempre pone 3 huevos de color oliva hasta beige arena pasando por castaño óxido, con manchas oscuras.

Característico

La gaviota cana se diferencia de la gaviota argéntea (pág. 172) de mayor tamaño, aunque igualmente muy parecidas, por la coloración verde amarillenta de las patas ③.

Ostrero

Haematopus ostralegus

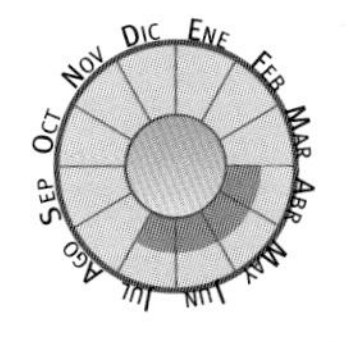

CARACTERÍSTICAS: mide 40-45 cm; tiene la cabeza y el lomo de color negro, el abdomen blanco; el pico, las patas y los ojos de un rojo intenso ①; en plumaje invernal presenta una banda transversal blanca en la garganta y a ambos lados del cuello ③; los polluelos con el extremo del pico oscuro y los ojos marrones.

VOZ: el fuerte "kliep kliep", así como el estridente "glieee" que emiten cuando se sienten amenazados, no pasan desapercibidos.

HÁBITAT: esta característica ave de la costa es frecuente en amplias playas, de roca o arena en el mar del Norte y del Báltico, aislada también en las desembocaduras de los ríos y en aguazales alejados de la costa; excepto en la época nidificante a menudo en grandes bandadas.

ALIMENTACIÓN: moluscos, crustáceos, cangrejos, caracoles y gusanos acuáticos.

NIDIFICACIÓN: como nido ④ utiliza un hoyo -en la playa, en dunas o en praderas de hierba corta- acondicionado con piedrecillas, caparazones de moluscos o partes de plantas; habitualmente 3 huevos amarillo sucio con manchas negras.

CARACTERÍSTICO

Por el contraste de su plumaje negro y blanco, el ostrero resulta inconfundible incluso durante el vuelo ②.

Avoceta

Recurvirostra avosetta

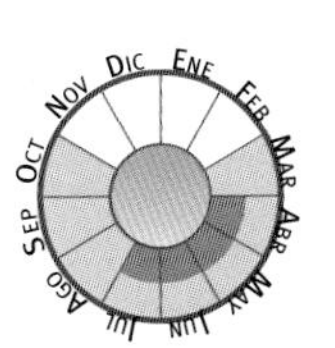

CARACTERÍSTICAS: mide 42-46 cm; es un ave propia de la playa, esbelta, de patas largas con un plumaje negro y blanco, y el pico fino pronunciadamente curvado hacia arriba, de color negro ①.

VOZ: su reclamo consiste en un suave y melodioso "plit plit"; como llamada de alerta emite un lastimero "queet", así como un cloqueo nervioso.

HÁBITAT: vive en playas costeras, en lagunas y en las desembocaduras de los ríos: ave migratoria de corta distancia.

ALIMENTACIÓN: pequeños cangrejos, gusanos, insectos acuáticos y sus larvas. Cuando busca comida, la avoceta introduce el pico en el agua con movimientos pendulares ③.

NIDIFICACIÓN: anida en colonias, hace el nido en el suelo, a menudo incluso en medio de una colonia de gaviotas u otras aves que viven también en la playa; 3-5 huevos de color arcilla con manchas y puntos negros; los polluelos son nidífugos ④.

CARACTERÍSTICO

En vuelo, la avoceta presenta la parte inferior blanca y las puntas de las alas negras ②. Sus largas patas sobresalen por detrás del extremo de la cola.

1
2
3
4
1
2
3
4

Aguja colinegra

Limosa limosa

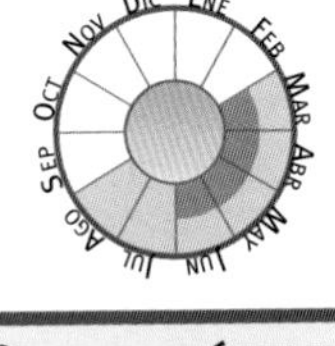

CARACTERÍSTICAS: limícola de unos 40 cm, de patas largas, con el pico amarillo-anaranjado y el extremo negro; en plumaje nupcial, el macho con el cuello rojo óxido, ① más intenso que la hembra; en invierno, el plumaje de ambos sexos es castaño grisáceo con el abdomen claro ②; durante el vuelo se aprecia la amplia banda blanca de las alas ④; los polluelos son moteados por arriba ③.

VOZ: emite unos reclamos algo nasales y frecuentes como "dididi, "deet" o "gritta gritta gritta".

HÁBITAT: se reproduce en praderas húmedas, pastizales o landas, excepto en la época nidificante casi siempre sociable en orillas poco profundas; migra a Europa meridional o el norte de África para pasar el invierno.

ALIMENTACIÓN: lombrices de tierra, saltamontes, escarabajos y caracoles, en la superficie del agua también renacuajos y pequeños cangrejos.

NIDIFICACIÓN: pone 3-5 huevos castaño oliva con manchas oscuras en un hueco utilizado como nido, entre hierbas altas. Los polluelos son típicamente nidífugos.

CARACTERÍSTICO

Durante el cortejo el macho realiza espectaculares vuelos artísticos dejándose caer en el aire o volteándose sobre el lomo.

Serreta chica

Mergus albellus

CARACTERÍSTICAS: mide unos 40 cm; en plumaje nupcial, el macho es blanco como la nieve con dibujos negros ①, presenta un moñete de plumas eréctil ③; en plumaje invernal, parecido a la hembra, con la cabeza castaña todo el año ④; en vuelo son visibles las bandas blancas de las alas ②.

VOZ: emite unos sonidos roncos y chirriantes, apenas audibles excepto en la época nidificante.

HÁBITAT: nidifica en el norte de Eurasia, en lagos y ríos de la taiga; en invierno es un invernante habitual en las
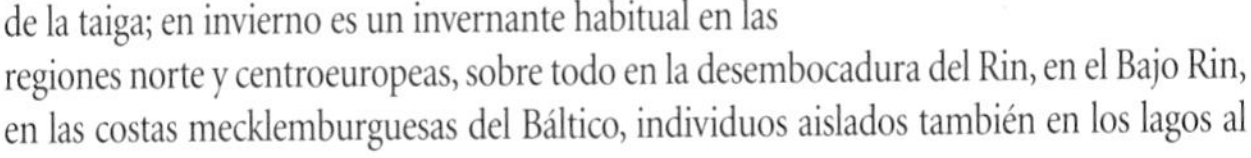
regiones norte y centroeuropeas, sobre todo en la desembocadura del Rin, en el Bajo Rin, en las costas mecklemburguesas del Báltico, individuos aislados también en los lagos al pie de los Alpes.

ALIMENTACIÓN: pececillos, insectos acuáticos, cangrejos pequeños y moluscos.

NIDIFICACIÓN: anidan en las cavidades de los árboles acondicionándolas con plumas y plumón; 6-9 huevos blanco crema; los polluelos saltan del nido con 10 días.

CURIOSIDADES: la serreta chica suele encontrarse en compañía del porrón osculado (pág. 176). Se dan cruces entre ambas especies.

CARACTERÍSTICO

La serreta chica se reconoce con facilidad por su vuelo impetuoso y sus rápidos aleteos.

1
2
3
4
1
2
3
4

Cerceta común

Anas crecca

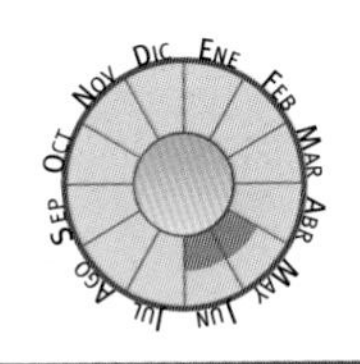

CARACTERÍSTICAS: mide 34-38 cm; en plumaje nupcial el macho presenta la cabeza castaño-rojiza, con una amplia franja brillante verde metalizado hasta la cerviz ① y la cloaca amarillo claro; el plumaje invernal (de julio a septiembre) es castaño y poco distintivo como la hembra ②.
VOZ: durante el cortejo emite un diáfano "cric cric" que recuerda a un grillo; el chillido de la hembra es más alto y lastimero.
HÁBITAT: en estanques y pequeños lagos poco profundos con abundante vegetación en las orillas.
ALIMENTACIÓN: en verano larvas de insectos, moluscos y caracoles, en inverno plantas acuáticas y semillas.
NIDIFICACIÓN: hace el nido en el suelo entre la densa vegetación de la orilla; 6-10 huevos amarillo grisáceos.
ESPECIE SEMEJANTE: el macho de la cerceta carretona *(Anas querquedula)*, poco común, ④ presenta una franja blanca en la cabeza. La hembra, a su vez, ③ presenta un patrón rallado con más contrastes que el de la cerceta común hembra.

CARACTERÍSTICO

Durante el vuelo, es visible en ambos sexos el dibujo de plumas verdinegro de la parte anterior de las alas, con el borde exterior blanco.

Pato mandarín

Aix galericulata

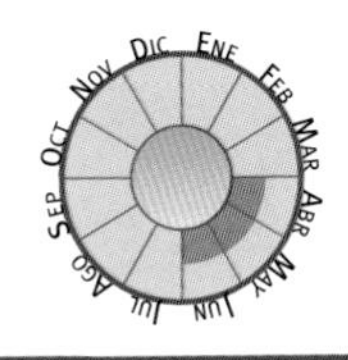

CARACTERÍSTICAS: pato de unos 45 cm que se zambulle en busca de alimiento; en plumaje nupcial ① el macho presenta un largo listón de plumas ornamentales en la cabeza y el plumaje de las alas traseras anaranjadas y alzadas a modo de velas; la hembra ④ es castaño grisácea casi por completo, destaca el anillo ocular blanco con una raya y su luminoso abdomen blanco ②.
VOZ: el reclamo en vuelo del macho consiste en un silbante "wrrik", mientras que la hembra emite un balido como "keg".
HÁBITAT: originario de Asia oriental, aunque en Europa se ha convertido en un ave habitual de los parques; hoy ha recuperado su estado salvaje en ciertas zonas, nidificando en libertad en lagos rodeados de bosque, así como en ríos con abundante vegetación en sus orillas.
ALIMENTACIÓN: semillas y frutos de los árboles, también gusanos, caracoles e insectos.
NIDIFICACIÓN: los patos mandarines suelen anidar en las cavidades de los árboles cerca del agua. Ponen 7-12 huevos en un hoyo del suelo sin nido alguno. Los polluelos recién salidos del huevo saltan al suelo y son conducidos al agua por la madre.

CARACTERÍSTICO

En plumaje invernal, el macho es muy parecido a la hembra, a no ser por su poderoso pico rojo en vez de marrón ③.

1
2
3
4
1
2
3
4

Porrón moñudo

Aythya fuligula

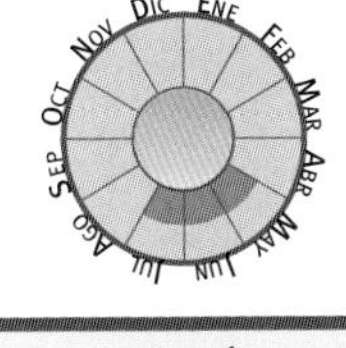

CARACTERÍSTICO
Muchas hembras del porrón moñudo, aunque no todas, presentan una mancha blanca alrededor del cúlmen del pico ③.

CARACTERÍSTICAS: mide 40-47 cm, pato buceador de aspecto redondeado; en plumaje nupcial, el macho es blanco y negro, muy vistoso, con un moñete largo de brillo metálico ①, en plumaje invernal con el capirote corto ④ y los flancos marrones; la hembra es marrón oscuro ②.
VOZ: durante el cortejo el macho emite un silbido agudo parecido al del cuco, mientras que la hembra emite una llamada como "err err err", fuerte y estridente; excepto en la época nidificante apenas se les oye.
HÁBITAT: nidificante en grandes lagos y embalses; en invierno suele aparecer en gran número en todo tipo de aguazales como ave de paso e invernante, así como en los lagos de los parques, en la ciudad.

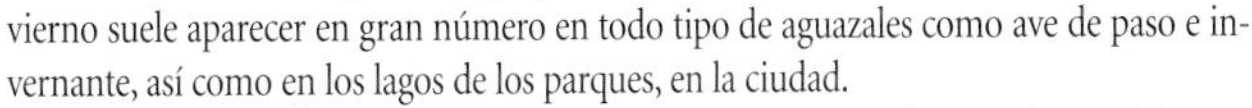

ALIMENTACIÓN: sobre todo caracoles, pequeños crustáceos, moluscos y larvas de insectos; también semillas de plantas acuáticas.
NIDIFICACIÓN: hace el nido en la vegetación de la orilla o en juncos; pone 8-11 huevos verde pálido.

Porrón común

Aythya ferina

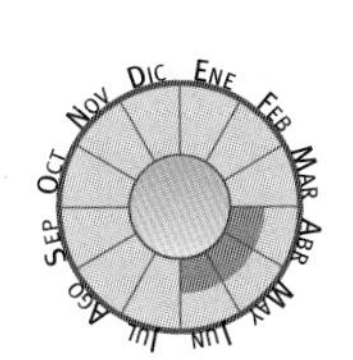

CARACTERÍSTICO
El vuelo rasante del porrón común va unido a un silbido vibrante claramente perceptible.

CARACTERÍSTICAS: pato buceador de unos 45 cm; el macho tiene la cabeza marrón rojiza y el pico negro con una amplia lista gris clara ②; en plumaje nupcial presenta el pecho negro, el lomo y las alas argentadas ①; en plumaje invernal ③ marrón grisáceo semejante la hembra ④, de quien se distingue sobre todo por la coloración de la cabeza.
VOZ: la hembra emite un áspero graznido "charr charr" como llamada, el reclamo de cortejo del macho se puede describir como un "uiguijerr".
HÁBITAT: en época nidificante principalmente en amplios lagos rodeados de juncales, el resto del tiempo en aguazales de todo tipo, también en lagos de los parques, en las ciudades.
ALIMENTACIÓN: plantas acuáticas, semillas, larvas de insectos, gusanos, caracoles.
NIDIFICACIÓN: esconde el nido en la vegetación de la orilla; 5-11 huevos verde-grisáceo claro.
CURIOSIDADES: entre el porrón moñudo y el porrón común se dan cruces. Los polluelos presentan características de ambas especies.

1
2
3
4
1
2
3
4

Águila real

Aquila chrysaetos

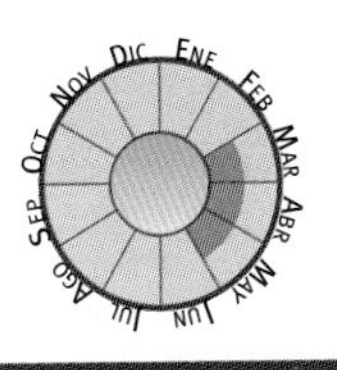

Características: mide 75-90 cm y su amplitud de alas rebasa los 2,20 m; el macho es algo mayor que la hembra; tiene un pico ganchudo y poderoso con el extremo negro y ojos prominentes ④; el águila adulta de ambos sexos es marrón oscuro, con la edad la cabeza y la nuca se tornan marrón dorado ①.

Voz: la llamada del águila real se oye muy pocas veces. Cuando esto ocurre emite un "hieh" semejante al busardo, o un fuerte "jick jick".

Hábitat: en Europa central casi únicamente en cotas altas de los Alpes; en invierno desciende a los valles para cazar o incluso a los campos circundantes.

Alimentación: mamíferos hasta del tamaño de pequeñas gamuzas o cabritos (preferiblemente marmotas), aves como el urogallo y también carroña.

Nidificación: nido grande en forma de copa en las paredes escarpadas de las rocas, que suele utilizar muchos años; casi siempre 2 huevos al año con manchas marcadas.

Característico

Las águilas reales jóvenes tienen marcas blancas en las alas hasta los cinco años ② y la cola blanca con un amplio remate negro ③.

Pigargo europeo

Haliaeetus albicilla

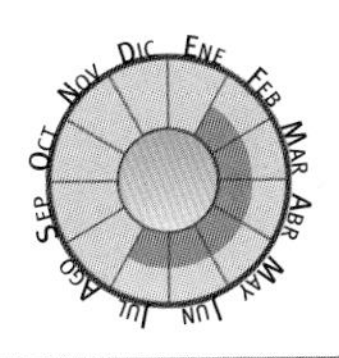

Características: el macho mide unos 80 cm y la hembra 90 cm, la amplitud de las alas alcanza hasta 2,45 m; en las aves adultas, la cabeza y el cuello son de un marrón más claro que el resto del plumaje ①, la cola blanca y cuneiforme ④; en plumaje juvenil, el pico y la cola marrón ②.

Voz: los pigargos entonan sus voces casi únicamente durante el cortejo: el macho emite una llamada estridente como "kric-rick-rick-rick", y la hembra responde con un profundo "ra-rack-rack".

Hábitat: en la costa, así como en grandes ríos y lagos con abundantes peces.

Alimentación: sobre todo peces grandes, además de aves acuáticas del tamaño del ganso, a veces también mamíferos y carroña.

Nidificación: nido grande en forma de copa en la parte alta de los árboles en las orillas de los lagos, en la costa y en acantilados; 1-3 huevos blancos.

Característico

El pigargo europeo se distingue por su poderoso pico amarillo ③. También sus patas son de un intenso color amarillo.

1
2
3
4
1
2
3
4

Águila pescadora

Pandion haliaetus

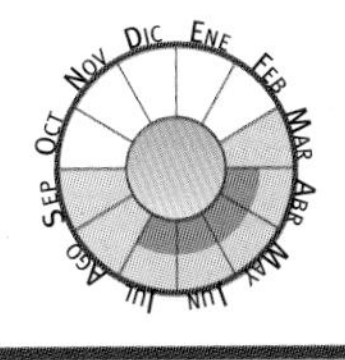

Características: mide 55-70 cm, esbelta con alas estilizadas ②; por arriba es marrón oscuro y por abajo blanca ④; presenta la cabeza blanca con un antifaz marrón negruzco ③; cuando reposan a menudo tienen las plumas de la cerviz erizadas.

Voz: en los alrededores del nido suele emitir una serie de llamadas breves con una tonalidad descendente en el remate, algo así como "tjip-tjip-tijp-tiip- tjiip-tiip-tjep-tjep".

Hábitat: a excepción de Escandinavia y Rusia, en Europa se encuentra nidificante en algunas zonas de Alemania oriental; es posible verla con regularidad como ave de paso; migra a África subsahariana para pasar el invierno.

Alimentación: exclusivamente peces que captura en el agua lanzándose sobre ellos en picado ①.

Nidificación: construye un resistente nido en forma de copa (pág. 21) en un árbol alto que suele utilizar todo el año; 1 puesta anual con 2-4 huevos marrones con manchas.

Característico

Desde cierta distancia la parte inferior de un águila pescadora parece prácticamente blanca ②.

Aguilucho lagunero

Circus aeruginosus

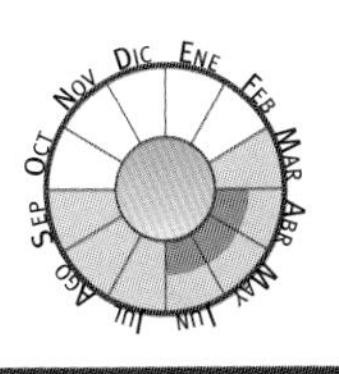

Características: mide 48-55 cm; la hembra es marrón chocolate con la parte superior de la cabeza lechosa ①, la parte inferior de las alas es marrón oscuro ③; el macho presenta partes del plumaje marrón, gris claro, negro y beige ④, la parte inferior de las alas es más o menos blanca con los extremos negros ②.

Voz: en el vuelo de cortejo, la llamada del macho consiste en una serie de chillidos como "cuec"; el reclamo de alerta es un penetrante "keke-ke-ke".

Hábitat: en lagos y ríos con grandes carrizales; realiza vuelos de caza sobre los campos y praderas próximos a aguazales; pasa el invierno en el área mediterránea o en África subsahariana.

Alimentación: ranas, aves acuáticas hasta el tamaño de las fochas, pequeños roedores, muchas veces también huevos de aves y polluelos.

Nidificación: hace el nido en el suelo, escondido en la densa vegetación de la orilla, con frecuencia en los carrizales, directamente en el agua; 3-6 huevos blancos.

Característico

Cuando va en busca de la presa el aguilucho lagunero vuela a poca distancia del suelo. Su vuelo con las alas alzadas en forma de "V" es marcadamente lento.

Ratonero común

Buteo buteo

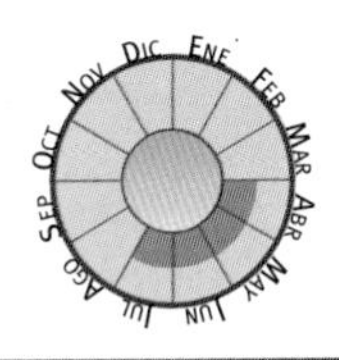

CARACTERÍSTICO

El ratonero común tiene los ojos oscuros ② y los pies amarillos ③.

CARACTERÍSTICAS: mide 50-55 cm, presenta alas anchas, con una amplitud de alas de unos 1,20 m; su cola es relativamente corta, a menudo con pronunciada forma de abanico; por arriba el plumaje es marrón y por abajo su coloración varía desde el marrón negruzco hasta casi blanco ④ pasando por un vivo marrón moteado ①.

VOZ: emite un fuerte maullido como "mieeeh".

HÁBITAT: suele anidar en las lindes de los bosques, realiza vuelos de caza en campos de cultivo abiertos, campiñas y praderas.

ALIMENTACIÓN: pequeños animales que viven en el suelo del tamaño de un conejillo, aunque en particular murciélagos, así como ranas, renacuajos, aves jóvenes e incluso insectos y lombrices de tierra; también carroña.

NIDIFICACIÓN: hace un nido en forma de copa en lo alto en los árboles, que cada año construye de nuevo; 2-3 huevos oscuros moteados; incuba sobre todo la hembra y el macho consigue alimento.

Halcón abejero

Pernis apivorus

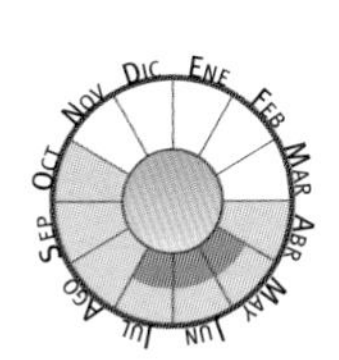

CARACTERÍSTICO

Contrariamente al ratonero, cuya cola presenta bandas transversales estrechas, en la cola del halcón abejero se reconocen sólo tres bandas negras ③.

CARACTERÍSTICAS: en tamaño y plumaje semejante al ratonero común, aunque más esbelto, con la cabeza más pequeña ① y la cola más larga; los ojos amarillo intenso ②.

VOZ: cuando vuelan en círculos sobre el territorio nidificante emiten unas llamadas lastimeras de tres sílabas como "hooj-liii-hooj"; cuando están nerviosos lanzan un diáfano "kikikikki".

HÁBITAT: prácticamente en todos los paisajes boscosos, aunque sin duda menos frecuente que el ratonero; nidifica en las lindes de los bosques, aunque busca comida en parajes abiertos; vuela a África tropical para pasar el invierno.

ALIMENTACIÓN: sobre todo larvas y pupas de avispas, abejas y abejorros que desentierra del suelo, además de otros insectos; excepcionalmente ranas, renacuajos o ratones.

NIDIFICACIÓN: nido en forma de copa en árboles altos que acondiciona regularmente con ramas cubiertas de hojas recién cogidas ④; en general 2 polluelos.

Milano real

Milvus milvus

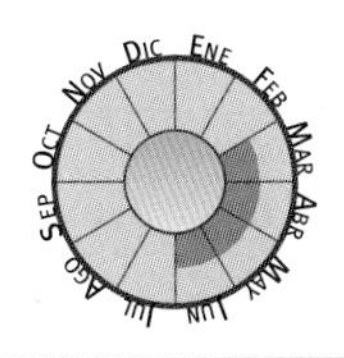

Características: ave rapaz de 60-66 cm, con la cola bifurcada relativamente larga; presenta la cabeza gris claro ④, gran parte de su plumaje es rojo parduzco ①; en vuelo, ofrecen un vistoso contraste las manchas blancas de las alas ②.

Voz: las llamadas en el lugar de nidificación son plañideras, como "hie-hij-hij-hij-hij-hie".

Hábitat: en paisajes variados con bosquecillos de árboles caducifolios, campos abiertos y praderas, así como aguazales; invernante en la región mediterránea.

Alimentación: sobre todo carroña, captura también mamíferos y aves hasta del tamaño de conejos y pollos.

Nidificación: construye el nido en las copas de árboles altos, recubriéndolos con hierba y hojas, aunque muchas veces también con restos de papel, tejidos o plástico; 2-3 huevos marrones con manchas; incuba sólo la hembra y el macho consigue alimento.

Característico

La cola relativamente larga del milano real es ampliamente bifurcada en las aves adultas ③ y algo menos en los individuos jóvenes.

Milano negro

Milvus migrans

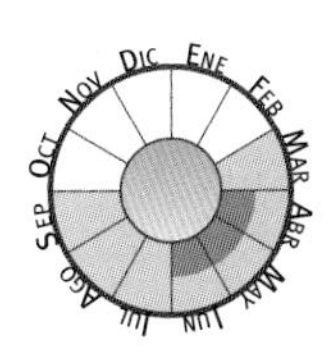

Características: con 55-60 cm, su talla es algo menor que la del milano real; su plumaje es más oscuro y la cabeza marrón grisácea ②, ligeramente más clara que el cuerpo marrón negruzco ①; la cola no es tan bifurcada ③, con las alas extendidas parece rematada en un corte recto ④.

Voz: el reclamo en la época nidificante recuerda un estridente relincho como "gui-hihihihi"; el resto del tiempo emite un "hieh" a menudo semejante al de un ratonero.

Hábitat: en áreas con abundantes bosques y lagos con superficies abiertas; ampliamente extendida en Europa central, hasta frecuente según las comarcas; invernante en África.

Alimentación: sobre todo peces muertos o enfermos, aunque también mamíferos y aves, así como carroña; muy pocas veces caza presas vivas.

Nidificación: nido en forma de copa en coníferas o caducifolios altos, a menudo recubiertos con desperdicios como papel o plástico; 2-3 huevos blancos con manchas marrones.

Característico

Recorren en vuelo a baja altura las orillas de ríos y lagos, a la búsqueda de peces muertos que recoge en la superficie del agua.

1

2

3

4

1

2

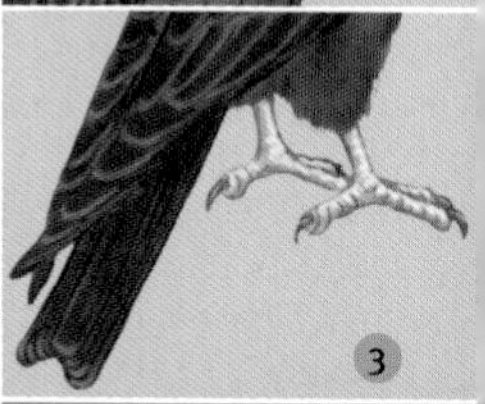

3

4

Azor

Accipiter gentilis

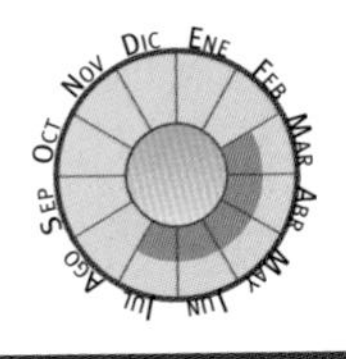

Características: la hembra alcanza hasta 60 cm, mientras que el macho es aproximadamente un tercio más pequeño; su cabeza es relativamente plana con los ojos amarillos ③; por arriba presenta un plumaje marrón grisáceo, con el pecho y el buche blanquecino con listas transversales muy juntas ①; la cola es larga y fina, en vuelo las alas se antojan redondeadas ②; por abajo los polluelos presentan un dibujo moteado marrón oscuro ④.
Voz: la llamada más frecuente consiste en un prolongado "keí"; también emite una serie de modulaciones rápidas como "girr-gierr", así como un breve "jik".
Hábitat: en toda Europa, sobre todo en bosques caducifolios y mixtos abiertos, a veces en regiones del extrarradio urbano con muchos árboles.
Alimentación: en particular aves y mamíferos del tamaño de ratones y pequeños pájaros cantores hasta urogallos y liebres.
Nidificación: hace el nido en las copas de árboles altos en las lindes del bosques; 2-5 huevos completamente blancos.

Característico

Contrariamente al gavilán común, al azor se le ve volar en círculos sólo en primavera. En su vuelo alterna fases de aleteos rápidos con breves planeos.

Búho real

Bubo bubo

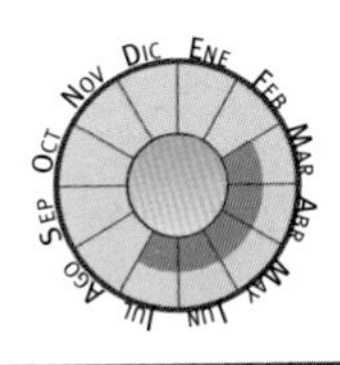

Características: alcanza hasta los 70 cm, de talla robusta; sus ojos son amarillos hasta anaranjado rojizo; tiene largas aurículas plumadas ②; el plumaje presenta un vivo moteado marrón ①, con plumas hasta en las garras ③.
Voz: los penetrantes sonidos ululares del macho, así como el "u-uhu", la llamada algo más aguda y claramente de dos sílabas de la hembra, se oyen sobre todo en otoño y a comienzos de la primavera; ésta suele emitir también un ronco "chriee" o un fuerte "greck".
Hábitat: en particular en los Alpes y en zonas de media montaña alta con abundantes bosques y áreas rocosas, también en llanuras próximas a valles fluviales con pendientes escarpadas o en grandes pedregales.
Alimentación: mamíferos, desde ratones hasta conejos; aves hasta del tamaño del urogallo.
Nidificación: la puesta es de 2-5 huevos sin la protección de un nido en una pared rocosa, a veces incluso en el suelo. Incuba sólo la hembra, mientras que el macho consigue alimento para la familia.

Característico

En vuelo, la amplia cola corta y las alas particularmente anchas son rasgos característicos del búho real ④.

1

2

3

4

1

2

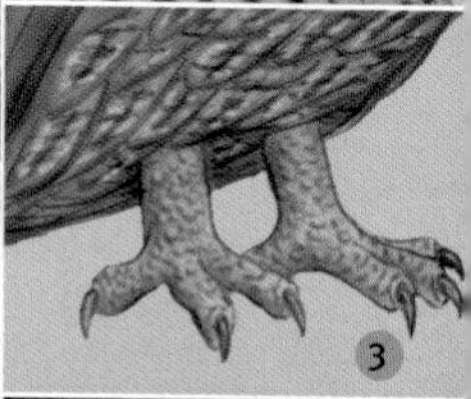

3

4

Urogallo

Tetrao urogallus

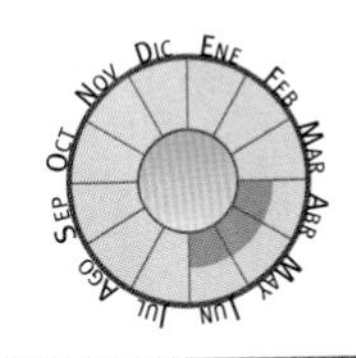

CARACTERÍSTICAS: el macho mide unos 85 cm; su plumaje es marrón negruzco, con una mancha verde brillante en el pecho y una ceja roja por encima del ojo ③; la hembra ④, que sólo alcanza los 60 cm, tiene un mimético plumaje marrón con una banda roja óxido en el pecho y la cola; contrariamente al gallo lira en vuelo presenta la cola redondeada.

VOZ: la estrofa nupcial del urogallo se compone de un cloqueo cada vez más rápido rematado por un sonido estridente, seguido de unas modulaciones aflautadas y agudas.

HÁBITAT: precisa de un entorno muy peculiar: bosques de conífera tranquilos, claros, con desarrollo de vegetación herbácea y abundancia de bayas.

ALIMENTACIÓN: hierbas, bayas; pupas de hormigas para criar a los polluelos; en invierno fundamentalmente acículas de pinos y abetos.

NIDIFICACIÓN: hace el nido en el suelo, a menudo bajo ramas colgantes; 5-12 huevos con un vivo moteado pardo-amarillento; los polluelos son nidífugos.

CARACTERÍSTICO

Durante el cortejo, el urogallo se muestra en el suelo o sobre una rama baja con la cola desplegada y erguida.

Gallo lira

Tetrao tetrix

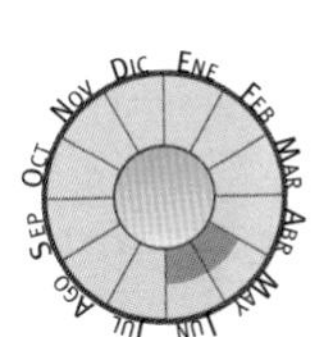

CARACTERÍSTICAS: mide unos 40-45 cm; el plumaje del macho ① es negro azulado brillante; tiene unos párpados gruesos de un rojo luminoso y las plumas de la cola alargadas y liradas ③; el plumaje de la hembra es marrón ④ poco distintivo. En vuelo la cola ligeramente bifurcada.

VOZ: la estrofa nupcial del macho consiste en un gloglotеo o sonidos guturales audibles desde lejos. El cloqueo de la hembra es nasal.

HÁBITAT: en regiones situadas alrededor del límite arbóreo, muy pocas veces en llanuras, sobre todo en superficies pantanosas y praderas.

ALIMENTACIÓN: brotes de árboles caducifolios y coníferas, hojas y frutos de arbustos de bayas; para alimentar a las crías también insectos.

NIDIFICACIÓN: hace el nido en el suelo, bien escondido en la vegetación; 7-10 huevos manchados.

CURIOSIDADES: los machos permanecen casi todo el año en los lugares de cortejo comunes, donde seducen a las hembras desplegando la cola, con saltos variados y briosos aleteos.

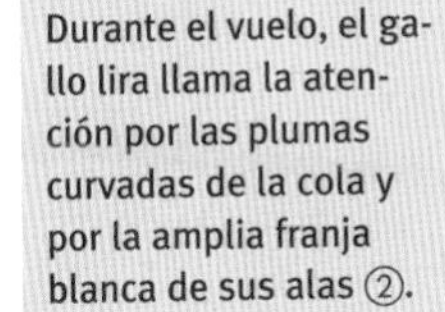

CARACTERÍSTICO

Durante el vuelo, el gallo lira llama la atención por las plumas curvadas de la cola y por la amplia franja blanca de sus alas ②.

1
2
3
4
1
2
3
4

Faisán vulgar

Phasianus colchicus

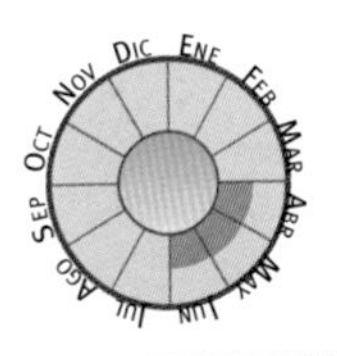

Características: presenta la misma talla que un gallo doméstico, con una cola de hasta 90 cm; la coloración del macho es muy variable, casi siempre rojo cobrizo con la cabeza de un verde oscuro tornasolado ① muchas veces con un collar blanco y siempre con una protuberancia roja en la faz ②; la hembra ④ es marrón tierra con manchas más oscuras; los polluelos son como la hembra, pero con la cola más corta.

Voz: la llamada territorial del macho consiste en un "kookock", seguido de un perceptible aleteo; la llamada de alarma del macho se compone de un graznido ronco como "egj-egj" y la hembra emite un agudo "zik-zik".

Hábitat: oriunda del Asia meridional, fue introducida hace siglos en Europa como pieza de caza; actualmente extendida en paisajes de cultivo con campiña y bosques de ribera; frecuente en muchos lugares.

Alimentación: partes de plantas verdes, semillas, bayas, gramíneas, frutos del campo.

Nidificación: nido en el suelo, escondido entre la vegetación; 8-12 huevos marrón oliva.

Característico

La larga cola puntiaguda propia de ambos sexos, hace al faisán inconfundible tanto en vuelo ③ como en el suelo.

Cuervo

Corvus corax

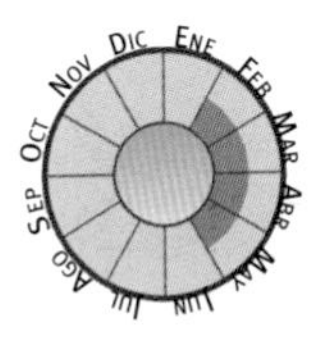

Características: con una talla de 65 cm, el cuervo es el pájaro cantor mayor del mundo. Su plumaje negro posee un brillo tornasolado azul metálico ①. Las patas ③, los ojos y el impresionante pico ② son también negros.

Voz: en vuelo emite un sonoro y profundo "krok" o "kroa", a veces también un metálico "klong", o un "guerr" parecido al de la corneja; por el contrario, el canto es un charloteo suave que se oye pocas veces.

Hábitat: en espacios vitales muy distintos, desde la costa hasta las montañas altas pasando por paisajes de bosques abiertos.

Alimentación: pequeños animales como insectos, gusanos y caracoles, pequeños vertebrados, carroña, desperdicios, aunque también semillas y frutos.

Nidificación: nido de ramas secas sólido en la copa de un árbol alto o en una cornisa rocosa; 3-6 huevos verdosos con manchas y puntos oscuros.

Característico

En el vuelo, el remate cuneiforme de la cola es característico del cuervo ④. A menudo se puede ver a estas aves por parejas surcando los aires llevadas por el viento.

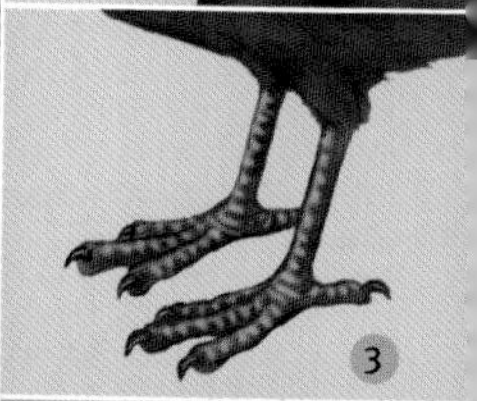

1

2

3

4

1

2

3

4

Cigüeña blanca

Ciconia ciconia

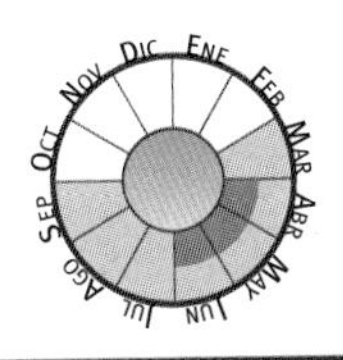

CARACTERÍSTICAS: con un cuello que fácilmente alcanza 1 m de largo, la amplitud de sus alas es de alrededor de 2 m; el plumaje de las alas remeras negro y el restante blanco; el pico y las patas rojo luminoso ①, en el caso de las cigüeñas jóvenes ③ marrón negruzco.
VOZ: las cigüeñas blancas no emiten ninguna llamada, en vez de eso hacen sonidos mecánicos moviendo el pico ④. Los polluelos en el nido emiten gruñidos, regüeldos y gemidos.

CARACTERÍSTICO
En vuelo la cigüeña se reconoce fácilmente por su largo cuello y sus patas ② hacia atrás.

HÁBITAT: en paisajes de cultivos abiertos con prados y humedales; en Europa central en gran número según las regiones; invernante en África meridional.
ALIMENTACIÓN: pequeños animales de cualquier especie que la cigüeña captura en el suelo o en la superficie del agua, como ratones, ranas, peces, culebras y polluelos de aves que anidan en el suelo; lombrices de tierra para criar a los polluelos.
NIDIFICACIÓN: gran nido de ramas secas en el remate de los tejados, chimeneas o postes de la electricidad, aunque también en árboles; 3-5 huevos blancos.

Cigüeña negra

Ciconia nigra

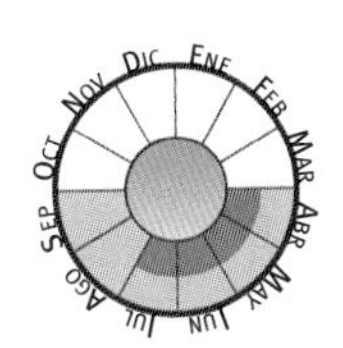

CARACTERÍSTICAS: alcanza prácticamente 1 m de largo, con una amplitud de alas de 1,70-2 m; tiene el plumaje negro, verde metálico y púrpura brillante ①, sólo el buche es blanco, con la línea de color bien marcada en el pecho ④; las patas, el pico y el anillo ocular rojo intenso ③; los polluelos ② marrón grisáceo oscuro con el pico y las patas marrón oliva.
VOZ: en vuelo emite un melódico "iiio", en el nido un tenue "hi-liii-hi-liii", cuando está alterada un diáfano "fiiieh" que se convierte en un breve bufido; contrariamente a la cigüeña blanca apenas hace ruidos con el pico.

CARACTERÍSTICO
A comienzos de la época reproductora, las cigüeñas negras suelen sobrevolar su territorio durante horas.

HÁBITAT: en bosques vírgenes de caducifolias y coníferas con abundantes arroyos y charcas; en la actualidad poco frecuente en Europa central, no obstante en bosques de poco uso forestal su número está nuevamente en alza; migra a África oriental para invernar.
ALIMENTACIÓN: preferentemente peces, ranas y salamandras.
NIDIFICACIÓN: gran nido de ramas secas en lo alto de los árboles que utiliza y agranda todo el año; 3-5 huevos blancos.

1
2
3
4
1
2
3
4

Garza real

Ardea cinerea

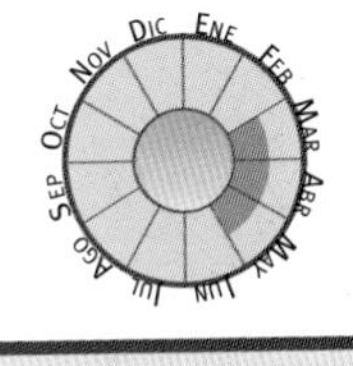

Características: mide 90-100 cm, predominantemente gris con un poderoso pico amarillo oscuro; presenta una ceja superciliar negra y amplia que se prolonga en la parte posterior de la cabeza rematando en un fino penacho de plumas ②; los polluelos con la frente negra; en reposo, casi siempre tienen el cuello en forma de "s", de manera que la cabeza parece salir de los hombros ③.

Voz: llamadas fuertes, con sonidos raspados y roncos como "kraak" o "chreek"; al alzar el vuelo suele lanzar un breve "kre-ik" de dos sílabas.

Característico

Una garza real en vuelo mantiene replegado el cuello en forma de "s", con las largas patas estiradas ligeramente hacia atrás ④.

Hábitat: busca alimento en aguazales con abundante vegetación en sus orillas ①, así como en limos o en praderas húmedas; por el contrario, las colonias nidificantes suelen estar lejos del agua en pequeños bosques.

Alimentación: sobre todo peces, así como ranas, salamandras, ratones e insectos.

Nidificación: nido grande de ramas secas en colonias, casi siempre en árboles altos, poco frecuente también en carrizales, 3-5 huevos verde claro.

Gaviota argéntea

Larus argentatus

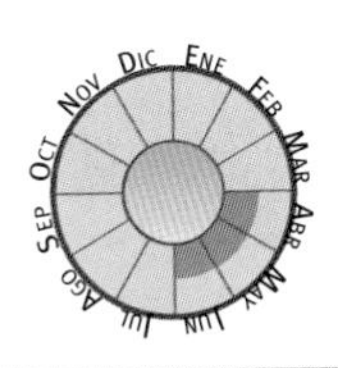

Características: su talla es de 55-67 cm; en plumaje nupcial su plumaje es blanco como la nieve con las plumas coberteras gris plateado y los extremos blancos y negros ①; después de la muda la cabeza con estrías grises; el plumaje juvenil hasta el cuarto año presenta manchas tenues verdes ④.

Voz: un "kjau-kjau" lastimero a modo de maullido, con frecuencia enlazados en series; también un grito como "kija kija kija kijau"; emite un cloqueo de alarma en el nido, como "ag-ag-ag".

Característico

Las gaviotas argénteas tienen un pico amarillo con una mancha roja en la parte inferior ③, ojos amarillos así como patas de color carne ②.

Hábitat: en costas y en aguas cercanas al litoral, lagos y ríos.

Nidificación: nido construido en el suelo con escaso material vegetal, y a veces directamente en las rocas; en general 2-3 huevos verdes hasta marrón oliva.

1
2
3
4
1
2
3
4

Cormorán grande

Phalacrocorax carbo

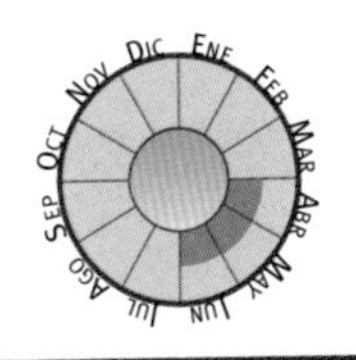

CARACTERÍSTICAS: de 80-100 cm; su plumaje es predominantemente negro; en plumaje nupcial verde metálico y tornasolado en colores bronce, más o menos blanco en la cabeza y el cuello ①, con una mancha blanca en el muslo ②; el extremo del pico presenta un poderoso gancho.
VOZ: se oye un ronco "cro-cro-cro" o "krao" sólo en el territorio nidificante.
HÁBITAT: en costas marinas, en lagos y ríos con abundante pescado; en aguazales del interior tanto como ave nidificante, migratoria de paso y también como invernante en fuerte aumento según las zonas.
ALIMENTACIÓN: sobre todo pescado entre 10 y 20 cm.
NIDIFICACIÓN: nido de ramas secas en árboles altos, en costas y acantilados, en colonias; 3-4 huevos azul claro; los polluelos son nidífilos.
CURIOSIDADES: los cormoranes se quedan posados a menudo horas con las alas abiertas en zonas frescas y con "ventilación" para así poder secar ④ su plumaje mojado.

CARACTERÍSTICO
Cuando nada, el cormorán mantiene buena parte de su cuerpo debajo del agua, con la cabeza y la cola casi siempre inclinada hacia arriba ③.

Somormujo lavanco

Podiceps cristatus

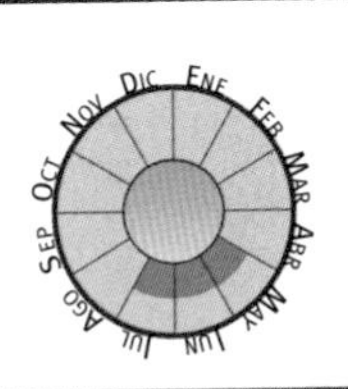

CARACTERÍSTICAS: ave acuática de 45-50 cm de longitud con el cuello largo, es marrón grisácea; en verano presenta un plumaje ornamental rojo óxido y negro en la cabeza, a modo de "orejas" y "bigoteras" ③; en plumaje invernal carece de moñete o apenas es marcado ②.
VOZ: como llamada emite un ronco "geec greec"; durante el cortejo en primavera emite también un chirriante "arrr" o un "k'pk'p" atonal; en las cercanías del nido lanza un prolongado "kgueeh eh".
HÁBITAT: en lagos y grandes estanques con extensos carrizales, también en ríos de corriente lenta; en invierno suele aparecer en grupos con migratorias de paso procedentes del norte.
ALIMENTACIÓN: peces pequeños y otros animales acuáticos que captura casi siempre sumergiéndose, además insectos y cangrejos pequeños.
NIDIFICACIÓN: nido flotante ①, casi siempre oculto entre los carrizos; 4-5 huevos blancos. Los polluelos nadan desde el primer día, aunque casi siempre sus padres los llevan a la espalda.

CARACTERÍSTICO
Durante el cortejo la pareja realiza largos y sincronizados "bailes" mientras sacuden la cabeza, con el cuello erguido ④.

1
2
3
4
1
2
3
4

Serreta grande

Mergus merganser

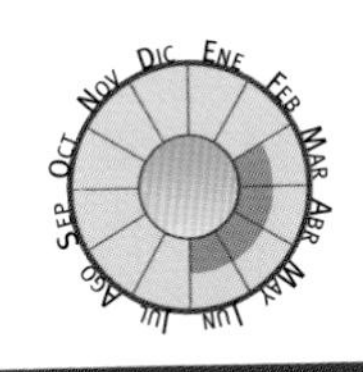

Características: ave nadadora de 60 cm, con el pico delgado y rojo; en plumaje nupcial, el macho presenta la cabeza negra y blanca con verde tornasolado ①; en plumaje invernal, la cabeza es rojo tostado ③, semejante a la hembra, aunque éste es además gris claro en el dorso ④.
Voz: durante el cortejo los machos emiten una llamada como "cerr-cerr-cerr", semejante al croar de las ranas, las hembras con los polluelos emiten un profundo "cro cro".
Hábitat: en ríos o lagos con aguas cristalinas y árboles añosos o en las orillas; en otoño e invierno hacen acto de presencia ejemplares invernantes.
Alimentación: sobre todo peces normalmente inferiores a10 cm.
Nidificación: construyen el nido en las cavidades de los árboles, y en huecos de rocas y muros; la hembra anida sola. Los 8-12 polluelos saltan del nido al vacío con 1 o 2 días y son conducidas por la madre hasta el agua.

Característico

El pico de la serreta grande posee un poderoso gancho y unos refinados dientes de sierra (a los que debe su nombre) ②.

Porrón osculado

Bucephala clangula

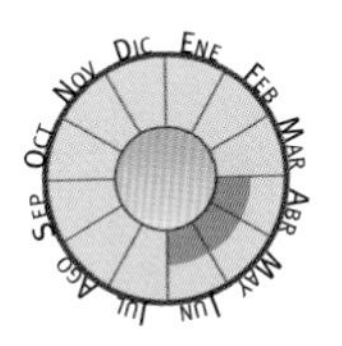

Características: mide casi 50 cm, buceador con la cabeza grande y ojos amarillos; en plumaje nupcial, el macho es blanquinegro, con una mancha blanca y redonda en la mejilla (①, derecha); en plumaje invernal semejante a la hembra ④, con la cabeza marrón chocolate y torso gris, el pico presenta el extremo amarillo ③.
Voz: durante el cortejo, los machos emiten una lastimera llamada como "quiiirr-ik", llevando ampliamente la cabeza hacia atrás ② y después hacia delante. En vuelo, las hembras lanzan un chirriante "quar quarr".
Hábitat: en la Europa mediterránea muy frecuente como invernante, tanto en costas como en lagos y ríos del interior.
Alimentación: insectos acuáticos y sus larvas, caracoles y cangrejos pequeños.
Nidificación: nido casi siempre en las cavidades de los carpinteros negros cerca del agua; 6-11 huevos verdosos; los polluelos se dejan caer desde el nido al suelo del bosque.

Característico

Los porrones osculados vuelan con aleteos muy rápidos, produciendo al mismo tiempo un ruido silbante y llamativo.

Ánade real

Anas platyrhynchos

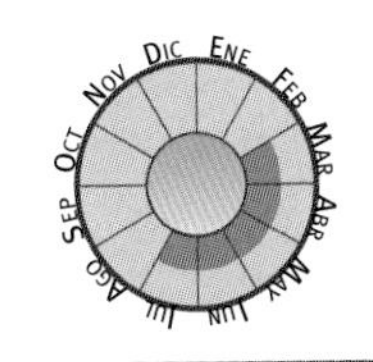

CARACTERÍSTICAS: pato buceador que alcanza 55-60 cm ②; en plumaje nupcial, el macho con la cabeza verde brillante y un collar blanco, la hembra presenta un moteado poco distintivo ①; ambos sexos con bandas de plumas festoneadas azul violeta ③.

VOZ: los machos emiten una llamada ronca como "reb reb" y las hembras un fuerte y lastimero "guakkk-guak-guak-guak-guak".

HÁBITAT: desde la costa hasta las montañas, en aguas estancadas de todo tipo, así como en las de corriente lenta, en zonas próximas a entornos naturales, también en grandes ciudades; es el pato más frecuente y más extendido en toda Europa.

CARACTERÍSTICO

En plumaje invernal (junio hasta septiembre), el macho se distingue ante todo por el pico amarillo, dado que la hembra lo tiene oscuro ④.

ALIMENTACIÓN: sobre todo plantas acuáticas, pequeños animales acuáticos e insectos.

NIDIFICACIÓN: nido en el suelo, próximo al agua, pero ocasionalmente también lejos de ésta; casi siempre 7-11 huevos verdosos con puntos marrón claro (pág. 23); la incubación y la cría de los polluelos nidífugos es sólo asunto de la hembra.

Pato colorado

Netta rufina

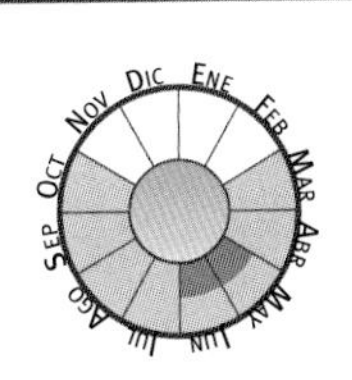

CARACTERÍSTICAS: pato buceador de gran tamaño que alcanza los 55 cm; en plumaje nupcial, el macho con una gran cabeza rojo ①; en plumaje invernal es semejante a la hembra (izquierda, ④), con la parte superior de la cabeza marrón oscura y las mejillas gris claro; el macho siempre tiene el pico rojo lacado ③, en la hembra oscuro con el extremo naranja.

VOZ: en caso de alarma, el macho emite un áspero "beet", en época nupcial un "be-ix" bisilábico; la hembra un "kerrrr" chirriante, en vuelo "gua-gua-gua".

CARACTERÍSTICO

En vuelo, el pato colorado de ambos sexos presenta una amplia y vistosa banda de plumas blancas ②.

HÁBITAT: en particular en Asia, en Europa central sólo unas pocas parejas nidificantes; en lagos y estanques de aguas tranquilas, ricas en nutrientes, con abundante vegetación en las orillas; muchos de ellos invernantes en el área mediterránea.

ALIMENTACIÓN: sobre todo plantas acuáticas, a veces pequeños animales acuáticos.

NIDIFICACIÓN: el nido consiste en un hueco en el suelo, próximo al agua, bien oculto entre la vegetación y acondicionado con cañas, plumas y plumón; 6-12 huevos gris amarillento; la hembra incuba sola, y también guía sola a los polluelos.

1

2

3

4

1

2

3

4

Eider

Somateria mollissima

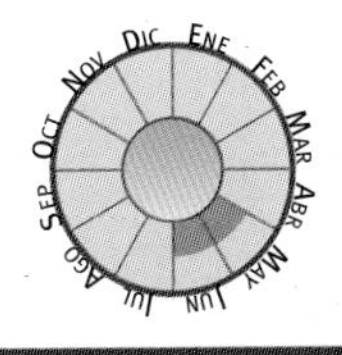

CARACTERÍSTICAS: gran pato buceador de las costas marinas de complexión fuerte, que alcanza entre 50-70 cm; en plumaje nupcial, el macho es blanco y negro ①, con parte de cerviz verde oliva ②; durante el verano, su plumaje es casi negro, únicamente las alas en sus partes delanteras son blancas ③; la hembra ④ presenta manchas castañas poco distintivas, al igual que los polluelos hasta el tercer año.

VOZ: en época nupcial, el macho emite un "uhuo" resonante y la hembra un chiirriante "korrr-r".

HÁBITAT: nidificante en las costas del Atlántico, algunos también en las costas del mar del Norte; durante la muda y como invernante, es muy numeroso en el Báltico y el mar del Norte; en invierno también se encuentra aislado en el interior.

ALIMENTACIÓN: pequeños crustáceos, caracoles, cangrejos e insectos acuáticos.

NIDIFICACIÓN: nido en un hoyo del suelo en espacios más o menos abiertos, que recubre con plumón; 4-9 huevos marrón oliva claro.

CARACTERÍSTICO

El pico cuneiforme, casi horizontal desde la frente hasta su remate, confiere al eider el perfil característico de su cabeza ②.

Tarro blanco

Tadorna tadorna

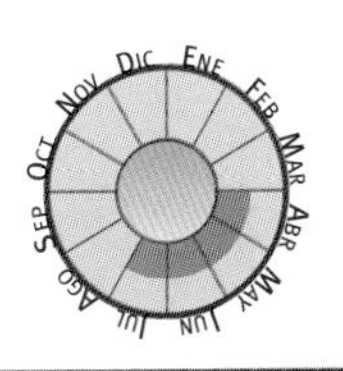

CARACTERÍSTICAS: mide 60-70 cm; presenta el plumaje blanco y negro con una amplia banda marrón óxido alrededor de la parte delantera del cuerpo ①; la hembra (① derecha) casi siempre con manchas blancas en la faz y sin la protuberancia roja del pico, muy abultada en el macho en primavera ③; el plumón de los polluelos con un capirote marrón oscuro ④.

VOZ: el macho una llamada diáfana y silbante y la hembra un "ak-ak-ak" rápido y casi como un cloqueo.

HÁBITAT: en orillas arenosas y del mar del Norte y del Báltico, ocasionalmente también en las desembocaduras de los ríos y lagos del interior, aunque no lejos de la costa.

ALIMENTACIÓN: caracoles de mar, anélidos, pequeños cangrejos y larvas de insectos.

NIDIFICACIÓN: hace el nido en cavidades, p. ej. en las madrigueras de los conejos, agujeros en la tierra en terraplenes o desniveles de la orilla.

CURIOSIDADES: en julio/agosto decenas de miles de tarros blancos de toda Europa viajan hacia las costas del mar del Norte donde tradicionalmente cambian su plumaje. A partir de octubre regresan a su territorio nidificante.

CARACTERÍSTICO

Cuando se zambulle ② la combinación de la cloaca marrón óxido y el buche negro nos revela que estamos ante un tarro blanco.

1
2
3
4
1
2
3
4

Ánsar común

Anser anser

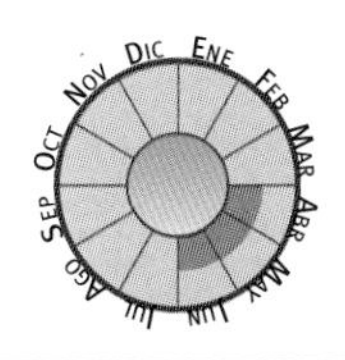

CARACTERÍSTICAS: con 75-90 cm, casi del mismo tamaño que la oca doméstica, aunque menos voluminoso; presenta un plumaje uniforme marrón grisáceo ①; en vuelo es visible el plumaje gris plateado de las alas ④; sus patas son color carne.
VOZ: un "ga-gang-gang" nasal, en vuelo un prolongado "áng-ong-ong".
HÁBITAT: grandes superficies de agua con espesa vegetación en las orillas y praderas o pastizales próximos, zonas pantanosas extensas.
ALIMENTACIÓN: sobre todo hierbas y hojas, algunas veces también plantas acuáticas.
NIDIFICACIÓN: hace el nido en orillas inaccesibles; 4-8 huevos blancos; la hembra incuba sola, el cuidados de los polluelos nidífugos a cargo de la pareja.
ESPECIE SEMEJANTE: el ánsar común se diferencia del ánsar campestre *(Anser fabalis)* ② por tener la uña blanca y las patas rosadas. El campestre, además, tiene la base del pico de color negro, más o menos extendido ③.

CARACTERÍSTICO

En Alemania se encuentran dos subespecies del ánsar común: la oriental tiene el pico color carne y la occidental amarillo anaranjado.

Barnacla canadiense

Branta canadensis

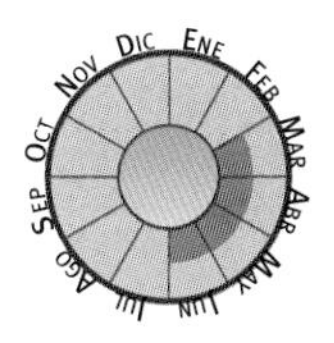

CARACTERÍSTICAS: ánsar de 90-100 cm; por arriba marrón y por abajo beige hasta blanco, el cuello y la cabeza negros, con manchas triangulares en las mejillas de un blanco luminoso ①.
VOZ: llamadas en vuelo nasales y trompeteras, como "ga-hong", con la segunda sílaba más alta; sentado sólo un breve "hong".
HÁBITAT: oriundo de Norteamérica, aunque introducido en Europa central como ave ornamental; dada su docilidad, recibe comida en los lagos de los parques, incluso en los centros urbanos; descendientes salvajes también en lagos, piscifactorías y los estanques de los pueblos.
ALIMENTACIÓN: hierbas y hojas, raíces, semillas y plantas acuáticas.
NIDIFICACIÓN: nido amplio y plano, escondido en la vegetación de la orilla o en islotes, a menudo en pequeñas colonias; habitualmente 5-6 huevos amarillentos.
ESPECIE SEMEJANTE: la barnacla cariblanca *(Branta leucopsis)* ④, un ave de paso regular e invernante en la costa del mar del Norte, tiene la faz blanca ③ y el lomo gris.

CARACTERÍSTICO

Una "U" blanca separa el lomo negro y la cola negra ②, un rasgo inconfundible para distinguir a la barnacla canadiense en vuelo.

1
2
3
4
1
2
3
4

Cisne vulgar

Cygnus olor

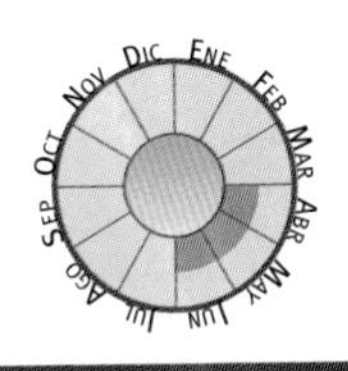

CARACTERÍSTICAS: mide 1,40-1,60 m con un largo cuello; su plumaje es absolutamente blanco ①; tiene el pico rojo anaranjado con una protuberancia negra en el culmen ③; los polluelos casi siempre gris parduzcos con el pico gris.

VOZ: sólo en la época nidificante emite reclamos roncos, de lo contrario, casi siempre callado; en caso de amenaza lanza un bufido agresivo.

HÁBITAT: originariamente sólo desde el sur de Escandinavia hasta Europa oriental, aunque en estos últimos siglos se han introducido como aves de los parques en muchos lugares de Europa central.

ALIMENTACIÓN: plantas acuáticas y también de la orilla; pan.

NIDIFICACIÓN: hace el nido sobre un montículo de carrizos y plantas de la orilla, cerca del agua; 5-7 huevos verde grisáceo hasta marrones. Los polluelos son nidífugos, aunque al principio muchas veces sus padres los llevan a la espalda ②.

CARACTERÍSTICO

El cisne vulgar presenta una expansión de alas de más de 2 m ④. En vuelo se puede oír un claro aleteo silbante, no así en el caso del cisne cantor.

Cisne cantor

Cygnus cygnus

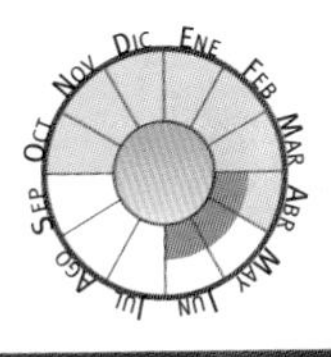

CARACTERÍSTICAS: en talla y color como el cisne vulgar, aunque con el culmen del pico amarillo luminoso ①; los polluelos gris parduzco ②.

VOZ: emite fuertes reclamos trompeteros, como "angeh" o "uang"; en vuelo casi siempre un "up-up-up" de tres sílabas; en el grupo también suaves llamadas de contacto como "ong" o "ge".

HÁBITAT: nidifica en los lagos y en las desembocaduras de los ríos en el norte de Europa y de Asia; en Europa central invernante.

ALIMENTACIÓN: sobre todo plantas acuáticas, pero también hierba, tréboles y semillas.

NIDIFICACIÓN: anida en un montículo construido con plantas, junto a la orilla o en carrizales; 4-6 huevos blanco crema; los polluelos son criados por sus padres.

ESPECIE SEMEJANTE: el cisne chico *(Cygnus columbianus)* ④ tiene el cuello más corto. La mancha amarilla del pico es más pequeña que la del cisne cantor y orbícular, no cuneiforme ③.

CARACTERÍSTICO

Cuando nada, el cisne cantor no presenta el cuello arqueado en forma de "S" como el cisne vulgar, casi siempre estirado ①.

1
2
3
4
1
2
3
4

Índice

D

E

F

G

H

J

L

M

S

T

U

V

Z

Créditos fotográficos

Fotografía de cubierta: arrendajo; fotografías pequeñas, de izquierda a derecha: pájaro carpintero, herrerillo común, picogordo
Páginas 6/7: cigüeña blanca
Páginas 24/25: papamoscas gris

Angermayer/Pölking: pág. 9 sup., 159 sup.; Angermayer/Reinhard: págs. 93 inf. izq., 167 sup. izq.; Angermayer/Schmidt: pág. 43 inf. drcha., 71 sup. izq., 115 inf. drcha.; Angermayer/Ziesler: págs. 113 inf. drcha., 147 sup., 149 sup. drcha.; Danegger: págs. 3 sup., 6/7, 11 sup., central, ① 2 inf., 17 sup., inf. izq., inf. centralizq., 18 inf., 29 sup. izq., 39 inf. drcha., 49 sup. izq., 51 sup. izq., 53 inf. izq., 79 inf. drcha., 97 inf., 115 sup., 119 inf. drcha., 123 inf. drcha., 135 sup., 139 inf. izq., 141 sup. izq., 143 sup., inf. drcha., 145 inf. drcha., 155 sup., inf. izq., 163 sup. izq., inf. drcha., 165 inf. izq., inf. drcha., 171 sup. drcha., 179 inf., inf. drcha., 185 sup., 185 sup. izq.; Diedrich: guarda 1 drcha. sup., 11 central inf., 15 sup. drcha., 39 sup. izq., 51 sup. drcha., 57 inf. drcha., 73 inf. drcha., 85 inf. drcha., 109 inf. drcha., 113 sup. drcha., 129 sup. drcha., 133 inf. izq., 149 inf. drcha.; Fürst: págs. 65 sup. drcha., 89 inf. drcha., 99 sup.; Giel: pág. 173 sup. drcha.; Hüttenmoser: pág. 73 sup. izq.; Juniors/Arndt: pág. 185 inf.; Limbrunner: guarda 1 izq. sup., drcha. central, 2 inf., 9 central, 12 sup., central, 13 izq. central, drcha. sup., drcha. central, 14 izq., 15 inf. izq., inf. drcha., 21 izq. sup., izq. inf., drcha. inf., 23 izq., drcha. sup., 27 sup. izq., 35 inf. izq., 41 sup. drcha., 45 sup. drcha., 51 inf. drcha., 55 sup. drcha., 57 sup. drcha., inf. izq., 59 sup. izq., inf. drcha., 67 inf. izq., 69 sup., 75 inf., 77 sup. drcha., 81 sup. drcha., 87 sup. izq., sup. drcha., 89 sup. izq., sup. drcha., 93 sup. drcha., 105 inf. drcha., 111 sup. izq., 115 sup. drcha., 117 sup. drcha., inf. drcha., 119 inf., 121 sup. drcha., 125 sup. drcha., inf. drcha., 127 sup. izq., inf. drcha., ① 33 inf. drcha., 135 sup. izq., 137 sup. drcha., inf. drcha., 141 sup. drcha., inf. drcha., 147 inf. drcha., 149 sup. izq., inf., 151 (alle), 153 inf. izq., 155 sup. drcha., 157 inf., 159 inf. drcha., 169 inf. drcha., 171 sup. izq., inf. izq., inf. drcha., 175 sup. izq., inf. izq., 177 sup. izq., inf. inf. drcha., 181 inf., inf. drcha., 183 sup. izq.; Partsch: págs. 13 drcha. inf., 17 inf. centraldrcha., 37 inf. drcha., 51 inf., 53 inf. drcha., 57 sup. izq., 119 sup. drcha., 179 sup. izq., 183 inf., inf. drcha.; Pforr: 18 sup., 71 sup. drcha., 111 inf. drcha.; Pregler: cubierta sup. central; Reinhard: págs. 8 inf., 15 sup. izq.; Schulze: guarda 1 drcha. inf., 13 izq. inf., 14 drcha., 21 izq. central, 22, 23 central, 31 inf. izq., 35 inf. drcha., 39 sup. drcha., 41 inf. drcha., 47 inf. drcha., 53 sup. drcha., 61 sup. izq., sup. drcha., 67 sup. drcha., 71 inf. izq., 77 inf. drcha., 81 sup. izq., inf. izq., 83 inf. drcha., 87 inf. drcha., 93 inf. drcha., 95 inf. izq., 107 inf. izq., inf. drcha., 111 sup. drcha., 113 sup. izq., inf. izq., 121 sup. izq., 123 sup. izq., 127 sup. drcha., 139 inf. drcha., 145 inf. izq., 159 inf. izq., 183 sup.; Silvestris/Gross: pág. 185 inf. drcha.; Singer: págs. 117 inf., 153 inf. drcha.; Synatschke: págs. 20 sup., 103 sup. izq.; Wendl: cubierta sup. izq., sup. drcha., U2 izq. inf., 3 inf., 8 sup., 9 inf., 11 inf., 16 sup., inf. centraldrcha., inf. drcha., 17 inf. drcha., 19 sup., 24/25, 27 inf., inf. drcha., 29 inf., 31 sup. izq., 37 inf., 39 inf., 41 sup. izq., inf. izq., 43 sup. izq., 45 sup. izq., inf., inf. drcha., 47 sup. izq., 63 sup. izq., sup. drcha., inf., 65 inf. izq., 67 sup. izq., 69 inf. drcha., 73 inf. izq., 75 sup. izq., sup. drcha., 77 sup. izq., 89 inf. izq., 95 sup., inf. drcha., 99 inf., 101 sup. izq., inf. izq., inf. drcha., 103 inf. izq., 105 sup. izq., sup. drcha., 109 sup. izq., 121 inf. izq., ①23 sup. drcha., inf. izq., 125 inf. izq., 131 sup. izq., inf. izq., inf. drcha., 135 inf. izq., 137 sup. izq., 143 inf., 145 sup., sup. izq., 153 sup. izq., 161 inf. izq., 165 sup. izq., 167 sup. drcha., 169 inf. izq., 173 sup. izq.; Wothe: págs. 13 izq. sup., 16 inf. izq., 27 sup., 33 sup. izq., inf. izq., inf. drcha., 37 sup. drcha., 47 inf., 59 inf., 63 inf. drcha., 73 sup. drcha., 93 sup. izq., 103 inf. drcha., 111 inf. izq., 117 sup. izq., 129 inf. drcha., 133 sup., sup. izq., 135 inf. drcha., 137 inf. izq., 143 sup. izq., 155 inf. drcha., 157 sup., sup. izq., inf. drcha., 161 sup. drcha., 165 sup. drcha., 167 inf. drcha., 175 inf. drcha., 181 sup. izq.; Zeininger: cubierta (fotografía grande), guarda 1 izq. central, 2 sup., central, 11 central sup., 16 inf. centralizq., 19 inf., 20 inf., 21 drcha. sup., 23 drcha. central sup., drcha. central inf., drcha. inf., 29 sup. drcha., inf. drcha., 31 sup. drcha., inf. drcha., 33 sup., 35 sup. izq., sup. drcha., 37 sup. izq., 43 sup. drcha., inf., 47 sup. drcha., 49 sup. drcha., inf. izq., inf. drcha., 53 sup. izq., 55 sup. izq., inf. izq., inf. drcha., 59 sup., 61 inf., inf. drcha., 65 sup. izq., inf. drcha., 67 inf. drcha., 69 sup. izq., inf. izq., 71 inf. drcha., 75 inf. drcha., 77 inf. izq., 79 sup. izq., sup. drcha., inf., 81 inf. drcha., 83 sup. izq., sup. drcha., inf. izq., 85 sup. izq., sup. drcha., inf. izq., 87 inf., 91 (alle), 95 sup. izq., 97 sup., sup. izq., inf. drcha., 99 sup. izq., inf. drcha., 101 sup. drcha., 103 sup., 105 inf. izq., 107 sup. izq., sup. drcha., 109 sup. drcha., inf. izq., 115 inf., 119 sup. izq., 121 inf. drcha., 125 sup. izq., 127 inf. izq., 129 sup. izq., inf. izq., 131 inf. drcha., 139 sup. izq., sup. drcha., 141 inf., 147 sup. izq., inf. izq., 153 sup. drcha., 159 sup. izq., 161 sup. izq., inf. drcha., 163 sup., inf. izq., 167 inf. izq., 169 sup. izq., sup. drcha., 173 inf., inf. drcha., 175 sup. drcha., 177 sup. drcha., 179 sup., 181 sup. drcha.

Advertencia
Los datos que aparecen en esta guía han sido cuidadosamente investigados y comprobados. A pesar de todo, la editorial declina cualquier responsabilidad por daños personales, materiales u económicos.

Dirección editorial: Steffen Haselbach
Jefa de redacción: Anita Zellner
Redacción: Dr. Michael Eppinger, Dra. Helga Hofmann
Textos: Dr. Helga Hofmann
Diseño de cubierta: Independent-Medien Design
Maquetación: H. Bornemann Design
Ilustraciones: Peter Braun, atelier amAldi
Composición: Filmsatz Schröter, Múnich
Producción: Petra Roth
Título original: *Vögel einfach und sicher bestimmen*

Traducción: Isabel Romero Reche
Revisión técnica: Justino Díez Sánchez

Carretera León-La Coruña, km 5 LEÓN
ISBN: 84-241-1753-0
Depósito Legal: LE: 913-2006
Printed in Spain - Impreso en España

EDITORIAL EVERGRÁFICAS, S. L.
Carretera León-La Coruña, km 5 LEÓN (ESPAÑA)

www.everest.es
Servicio de Atención al Cliente: 902 123 400